杨峰·主编

张熙惟·著

〰 文宗名臣铸风骨

张养浩

序 XU

讲好济南故事是我们的使命

看到济南出版社重磅推出的"济南故事"系列丛书，无论是作为济南城市的建设者，还是作为在这座历史文化名城工作与生活了数十载的济南市民，我都深感高兴与自豪。

伴随着这座历史文化名城发展变迁的足音，感受着这座时代新城前行律动的脉搏，我们会感到脚下的大地熟悉而又陌生。当时光列车即将驶入21世纪第三个10年的历史关口，济南的明天将会怎样，想必是每一位济南人都迫切需要了解的。要知道济南向何处去，首先要回答济南从哪里来。只有了解济南的昨天，才能知道济南的明天。了解济南故事，讲好济南故事，让更多的济南人热爱济南，让更多的外地人了解济南，使之成为建设美丽济南的磅礴动力，是我们义不容辞的使命。那么，了解济南故事，从阅读这套丛书开始，应该是个不错的选择。

济南是一座传统与现代相互融合的城市。一方面，济南地理位置得天独厚，南依泰山，北临黄河，扼南北要道，北上可达京师，南下可抵江南。济南融山、泉、湖、河、城于一体，风景绮丽，秀甲一方。她群山逶迤，众泉喷涌，城中垂杨依依，荷影点点，既有北方山川之雄奇壮阔，又有江南山水之清灵潇洒，兼具南北风物之长。作为齐鲁文化中心，她历史悠久，文脉极盛，建城两千多年以来，文人墨客、名士先贤驻足于此，歌咏于此，留下无数美好的诗篇。近代开埠以来，引商贾、办工厂、兴教育，得风气之先，领一时风骚。这些都是济南的老故事。

另一方面，作为山东省政治中心、经济中心、文化中心，当前的济南正面临新旧动能转换先行区、中国（山东）自由贸易试验区济南片区、黄河流域生态保护和高质量发展三大国家战略叠加的重大机遇，正对标习近平总书记

"走在前列、全面开创"的目标要求,阔步从"大明湖时代"迈向"黄河时代"。今日之济南,围绕"打造四个中心",建设"大强美富通"现代化省会城市,努力争创国家中心城市,统筹谋篇布局经济社会发展,大力发展大数据与新一代信息技术、智能制造与高端装备、量子科技、生物制药、医疗康养等十大千亿级产业集群,加快产业转型升级,一大批重大工程、重大项目落地投产,城市发展充满了无限生机。同时大力推进城市建设管理更新,中央商务区勃然起势,"高快一体"快速路网飞速建成,城市容颜焕新蝶变,城市品质赋能升级,城市文明崇德向善,生活在这座城市里的人们,有着以往从未有过的获得感、幸福感和安全感。现在的济南又趁势而上,加快实施公共卫生应急管理、营商环境优化、双招双引、项目建设、科技创新、城市品质提升、扩大对外开放等十二项重点攻坚行动,踏上了更为壮阔的高质量发展新征程。这是济南故事的新篇章。

　　作为时代变化的参与者、见证者,同时也应是优秀传统文化的守望者和美好故事的讲述者,我们有责任深入讲好济南故事,告诉世人济南的前世与今生。但也许是尊奉礼仪之邦"讷于言而敏于行"的古训吧,这些年我们做了很多,讲得却还不够。济南出版社策划出版"济南故事"系列丛书,可谓正当其时。它从多层面多角度挖掘、整理和诠释济南风景名胜、人文历史,向世人娓娓道来,并以图书的形式呈现出来,是一件有着深远意义的事情。我希望这套丛书能成为一把钥匙,为读者打开一扇门,拨开历史的风尘,带领读者穿越时光,纵览波澜壮阔的历史长卷,与往圣先贤来一场跨越时空的对话。

　　翻开它,我们走进历史;合上它,我们可见未来。

中共济南市委常委、市委宣传部部长

目录 MULU

张养浩：文宗名臣铸风骨

第一章　年少勤学才名显　/ 1

第二章　大都求仕为政勤　/ 17

第三章　主政堂邑惠民生　/ 33

第四章　直言敢谏真诤臣　/ 51

第五章　主持科举揽人才　/ 65

第六章　以诚交友相唱和　/ 83

第七章　诗文徜徉云庄居　/ 99

第八章　邀朋携友济南游　/ 115

第九章　七聘不出传美名　/ 135

第十章　关中赈灾卒任上　/ 145

第十一章　《为政忠告》历世传　/ 159

JINAN 济南故事

第一章

年少勤学才名显

张养浩，字希孟，别号顺庵，晚号云庄老人，或自称齐东野人，山东济南人。生于元世祖至元七年（1270）大寒食，卒于天历二年（1329）。历经元世祖、成宗、武宗、仁宗、英宗、泰定帝和文宗诸朝，生活于元王朝由盛转衰的年代。

少游千佛神交大舜

太古淳风叫不还，荒祠每过为愁颜。
苍生有感歌谣外，黄屋无心揖让间。
一井尚存当日水，九嶷空忆旧时山。
能令子孝师千古，瞽叟元来不是顽。

这是张养浩17岁游济南千佛山时，触景生情写下的一首伤今怀古的诗——《过舜祠》。它是张养浩传世著述中的首篇作品。

大舜是华夏文明的重要开拓者之一，是传说中中国三皇五帝时代德高望重的一位圣王，有着尚贤、崇孝、重民、以天下为公的高尚品格，其治家之孝与治国之德为后人所敬仰。孟子说舜是"东夷之人"，出生于"诸冯"（今人考证此地就是今山东诸城市）。舜的母亲生下他以后去世了，父亲瞽叟娶了继室，生了次子象。继母在舜的父亲面前百般挑唆，并想方设法谋

大舜画像

害舜。舜却坚守孝道，对父母孝顺、对异母兄妹友爱如故，表现出高尚的品格，被称誉为"孝之始祖"，是中国道德文化的开创者。济南是大舜文化的重要发祥地，是一片舜曾经耕稼过的土地。司马迁在《史记》中就记载，舜"耕历山，渔雷泽，陶河滨，作什器于寿丘"。历山即今济南千佛山。后人在千佛山上为舜立祠，世世以此为纪念。北魏郦道元在

位于千佛山上的舜祠

位于济南舜井街的舜井遗迹

《水经注·济水注》中记载："城南对山，山上有舜祠，山下有大穴，谓之舜井。"后来人们将千佛山上的舜祠，移建到了山下的舜井旁边，香火独盛，历久不衰。而舜祠、舜井坐落的南北向街道从此也被称为"舜井街"。济南更有了"舜城"的雅号。

在《过舜祠》这首诗中，张养浩赞扬了大舜千古不朽的历史功绩，抒发出对"太古淳风"的向往之情。通过"一井尚存"和"空忆旧时山"描述宋元嬗代与战乱后舜祠的荒芜，感慨古今之变。诗中虽无一字谈及"伤今"，但是令

"苍生有感"的"伤今"之意深寓诗中。尤其是推翻了"瞽叟害舜"的传统说法,把瞽叟的所作所为释读为对舜的教育与磨练,表现出较高的创作意境和写作技巧。

积学善文名满乡里

元代学者李士瞻在《滨国张文忠公赞》一文中说,济南"山川孕灵,笃生明贤"。张养浩之所以能取得日后的政望与文名,是因为深受源远流长、博大精深的济南文化的熏陶,同时也离不开自身的努力和家庭、学校的培养与教育。张养浩出身于济南历城一个并非"阀阅世家"但较富裕的农民家庭。宋元王朝更迭之际,其祖父张山带全家由章丘崖镇(今章丘相公庄)迁至历城县以北、小清河以南的五柳闸(位于今济南柳云社区)定居。因为家庭人口多、开销大,张养浩的父亲张郁从十六七岁起,便协助张山挑起家庭生活的重担。张郁在农忙季节,以农业生产为主,耕种锄割,经理农田;在农闲季节,则兼营商业,从事贩运买卖,经常往来于京师与江淮之间。一家人一起操持家业,家境很快得到改善,于是又陆续购置土地500余亩,成为闻名远近的富裕殷实之户。

张养浩出生于元世祖至元七年(1270)。至元八年(1271)十一月,元世

张养浩祖父辈创业地五柳闸一带近照

祖忽必烈取《易经》第一卦中"大哉乾元",改国号为"大元",由上都(位于今内蒙古锡林郭勒盟正蓝旗东北的开平城)迁都燕京(今北京),称之为"大都"。同时,元世祖继续推进统一全国的大业,采取加强中央集权的办法,实行重视农业的政策,采用"汉法"尊儒崇学等措施,开启"一代之治"新格局。张养浩就是在这一历史环境中成长起来的。

故宫博物院藏元世祖画像

张养浩的父亲张郁在元王朝推行"尊儒崇学"的治国之略、大力发展学校教育的历史背景下,毫不犹豫地选择了让子孙走读书之路,并十分重视张养浩的学业。

张养浩自幼在家人辅导下读书习字。后来,他进入私塾学习,更是勤学苦读,异常勤奋。《元史·张养浩传》记载,由于张养浩"读书不辍",每天从早读到晚,父母虽对他寄托了很大期望,却也担心他过于用功损害身体,因而又限制他的读书时间。于是张养浩白天就独处一室默默地读,到了夜晚则关上房门,点上油灯,偷偷地读。张养浩的祖父对他疼爱有加,却也担心张养浩不分白天黑夜读书的习惯会使身体吃不消,就告诫他读书要循序渐进,张弛有度,不能一刻不停地连续学。因此,到了晚上,祖父就会把张养浩屋里的灯拿走,不允许他掌灯夜读。谁料到张养浩却另外藏了一盏灯,等到祖父、父母就寝后,便拿衣服、床单等把窗户遮起来,继续挑灯夜读。张养浩励志苦读,文采斐然,还获得了"年少而志厉,积学而善文"的良好口碑。

笃志好学聆听教诲

正如元人戏婴画轴中所描绘的,张养浩自幼是在一个良好的环境中成长起来的。也正如俗话所说:"庄稼看苗,七岁看老。"张养浩从小便受到良好的品德培育。他的母亲许氏虽非大家闺秀,但却出身于一个父为胥吏、注重对子女教育的小康之家,深受诗文礼教熏陶的母亲自然注重从为人处世、品质涵养方面对张养浩的教育。祖父张山对张养浩的品格养成影响也很大,特别是其为人耿直、助人为乐的品质令张养浩终生不忘,并身体力行。良好的家庭教育使张养浩从小就表现出优秀的道德品行。张养浩7岁那年,有一次出门玩耍,远远看到有人把钞币遗落在路上,就马上跑过去把钱捡起来。这时丢钱的人已经走远了,小小年纪的张养浩毫不犹豫地追上去,把钱还给了人家。此举得到了乡邻们的赞誉并传为美谈。

元代绘画《秋景戏婴》

至元十三年(1276),元军攻克南宋首都临安(今杭州),基本平定江南地区,全国统一大局已定。元朝从北方征调大批有一定管理才能的人担任新收复区各级机构的官吏。张养浩的外公许全因曾主管过牢狱事务而受征南下任职,一家人离开济南迁居湖广武昌。许全一家临行前,张养浩的母亲带他到历城县西门外为外公送行。全家人都为今后天各一方、不知何时才能再次相见而痛哭道别。年幼的张养浩茫然不知大人们为何流泪,也还无法真切理解亲人离别的痛苦。到他13岁时,生他养他的慈母因病去世,紧接着又传来外公、外婆去世的消息,他才亲身体会到亲人离别的痛苦,深深自责以前的无知。实际上自外公全家迁居江南后,张养浩就再也没能看到外公、外婆、舅舅等亲人。直至30多年后,已在京城任监察御史的张养浩,意外遇到了出差京师却早已面生的表兄许可道。两人都非常激动,哭泣相认,互道想念之情,此后两家才又有了联络。后来张养浩写有《宰木》一诗,深切缅怀早早去世的母亲,倾诉思亲之情。宰木,就是栽种在墓地里的树木。该诗小序说:"宰木,思亲也。"张养浩在诗中说,每当去祭扫先母时,他的心情就如"风悲""风呼""风摧"一样,哀痛难抑。他呼号苍天为什么如此绝情,不给自己报答母亲养育之恩的机会。如今他有酒有食、有室有堂、有车有马,却全然不知该送往何处供慈母享用。每念及此,他就声泪俱下,痛不欲生。后来,张养浩将对生母的感情完全寄托在继母尚氏身上。尚氏虽然没有生育子女,但对张养浩却关怀备至,无论是对张养浩结婚前的生活照料,还是张养浩结婚后对孙子们的抚育,皆无微不至,倾注心血。

除关注张养浩的学业之外,祖父、父亲还从张养浩幼年起就特别注重对他进行创业艰难的教育。祖父张山告诉张养浩说,过去自己曾被征发兵役,历经生死,饱受战乱之苦,因此为人要能经得起苦难。父亲张郁也以其家史与自己的亲身经历教育他说,以前家境贫寒,全家生活颇为艰难,有时要靠借贷度日。后来为了养家糊口,他从16岁起就随大人们赶着毛驴做生意,从江淮到京师,数千里地,备尝艰辛。为了赶路,不分昼夜,常常吃不上睡不好,实在饿了就啃一口干粮,实在困了就趴在驴背上稍微眯一会儿。脚上走出了血泡,疼痛难忍,他挑破血泡包扎一下后仍继续行走。父亲用亲身经历告诫张养浩要牢记"以艰难勤俭起家"的家训。正因为有祖父和父亲的谆谆教诲,张养浩从小就对生活艰辛有着深刻的认识。这也使他在从政以后尤为关心民生、关注民情,成为他能为民请命的重要原因。

实际上,张养浩之所以能养成"积学而善文"的良好品格,不仅靠父辈的训诫和自己勤奋向学,还因为得到过名师的指点。据记载,在张养浩学习成长的过程中,对他有着深刻影响的是具有"韬光隐晦,不求闻达"品格之称的名师李舟轩。据《济南府志》等相关文献记载,李舟轩,字师圣,号昌道,济南人,不仅富有经世之学,人品更为人称道,曾担任过上都路学校提举、大名路儒学教授、河南儒学提举等,也曾被举荐充任风宪或馆阁之职。李舟轩平生不热衷于仕进,而是倾心于儒学教育事业。他为人豪迈、推崇古文、宣扬儒道、

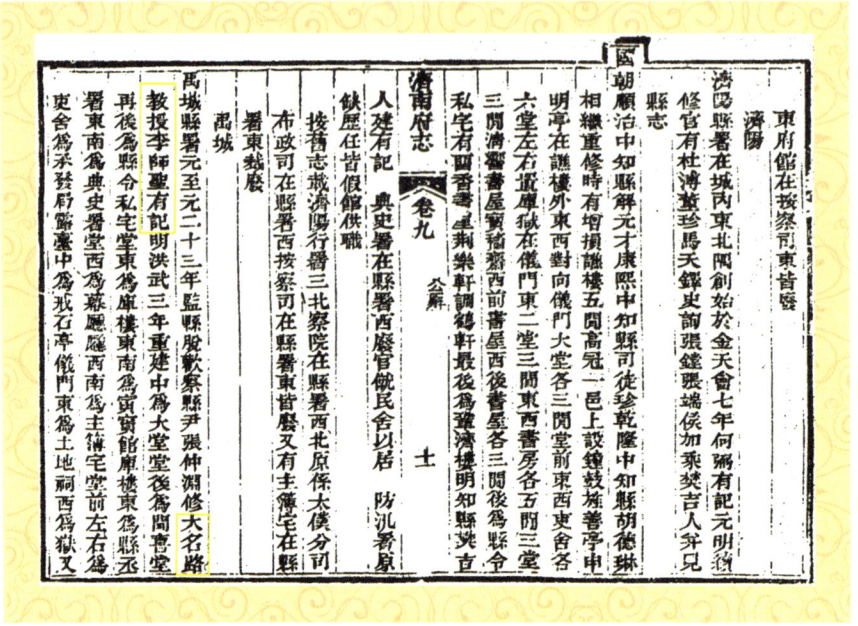

道光《济南府志》所记李师圣事迹书影

关注时政,对张养浩影响至深。张养浩有一个同门师兄袁度,是济南历下人,为人极为孝顺,为了侍养、照顾母亲,甘愿辞去河中教授之职。袁度笃信程朱理学,强调穷理致知、反躬实践,遵循理论与实际相结合、知识为现实服务的为学原则。这一点在出于同一师门的张养浩身上也有着充分的体现。他们都牢记老师对他们的殷切希望:读书学习不仅要学以致用,而且要专心致志,还要具备每战必胜、每攻必克的信心与决心。

游历名胜增广见闻

俗话说:"读万卷书,行万里路。"勤学好读的张养浩并没有只把自己关在书斋里,而是在读书之余走出家门,走向社会,以社会为大学堂,从而增长见闻,磨练意志。虽然因宋元鼎革时局动乱,年少的张养浩还不可能毫无顾忌、自由自在地外出游学,但济南周边地区的山山水水、名胜古迹却也令他流连忘返。

济南物华天宝,人杰地灵,山水景色优美,名胜古迹众多。济南的胜景如五龙潭、趵突泉、大明湖、千佛山、鹊山、华山、龙洞山、长白山、灵岩寺等,分外妖娆,魅力无穷,都让张养浩无限向往并增长见识。这些地方不仅留下了他游历的身影和足迹,还留下了他对故乡的赞颂。如今趵突泉内"观澜亭"双侧立柱上的楹联"三尺不消平地雪,四时尝吼半空雷",就出自张养浩的七律诗《趵突泉》。而在趵突泉池北侧泺源堂的立柱上,也刻有一副对联:"云雾润蒸华不注,波涛声震大明湖。"该联是选自时任同知济南路总管府事赵孟頫所作《趵突泉》,也是世人公认的吟咏趵突泉的名句。而张养浩的"三尺不消平地雪,四时尝吼半空雷",无论是气势格局,还是意境,完全能与赵孟頫的诗句相媲美,因而这两句诗成为趵突泉公园内众多楹联之双璧。正所谓:山水因诗句而增色,诗句因风物而传世。

张养浩少年游历的足迹,还南至泰山。泰山为五岳之首,有天下第一山之

清《泰山志》附岱岳全图

称。泰山层峦叠嶂,气势雄伟磅礴,风景壮丽优美,人文历史异常丰厚,是世界自然与文化遗产。张养浩初次游历泰山时,便被泰山的雄伟壮丽所吸引、折服。他豪情满怀、激情四溢地挥笔写下了《登泰山》:

> 风云一举到天关,快意平生有此观。
> 万古齐州烟九点,五更沧海日三竿。
> 向来井处方知隘,今后巢居亦觉宽。
> 笑拍洪崖咏新作,满空笙鹤下高寒。

此诗首联说自己像乘风驾云般登上泰山南天门,令人感到无限惬意畅快,是非常美妙的一次游览。颔联化用唐代李贺"遥望齐州烟九点"的诗句,形容烟云缭绕中的群峰耸立,极言登泰山观日出的壮丽景观。颈联是说登上泰山极目四方,才感觉过去犹如井底之蛙,视野非常狭小,而今眼界开阔,即使巢居穴处也觉得心胸宽阔。尾联化用西晋游仙诗人郭璞"左挹浮丘袖,右拍洪崖

泰山南麓登山之路

肩"诗句之意,说自己就像拍打着洪崖仙人的肩背一样尽情吟诵,如同王子晋乘仙鹤般飘然下落,与天地共鸣。诗作不仅描写了泰山雄伟壮丽的自然风光,而且抒发出"登泰山而小天下"之意。虽然此诗与张养浩入仕以后成熟、老练的诗风不同,还多少有些年少张狂的浪漫主义色彩,但却呈现出一种新鲜壮美的人生体验和昂扬进取的精神风貌。

《白云楼赋》价值千金

勤学苦读使张养浩学业日进。而令之文名大显的是他至元二十五年(1288)游珍珠泉、登临白云楼时所作的《白云楼赋》。

珍珠泉是因平地涌泉、腾如珠串而得名,为济南七十二名泉之佼佼者。以珍珠泉为中心形成的泉群是济南四大泉群之一,迄今仍有泉池20余处。珍珠泉以泉景优美奇特而留下许多传说故事与历代文人骚客的大量吟咏。关于济南的传说中,就有珍珠泉与大舜的故事:相传尧帝在考察了大舜的品格之后,就把自己的两个女儿娥皇与女英嫁给了大舜,并禅让帝位于舜。后来,舜帝南巡途中病重,娥皇与女英不顾众人劝阻,执意去南方探望丈夫。临行前,她们不忍与亲友离别,串串泪滴犹如珍珠一般滚滚而落,遂化为一洼清泉,由此留下了一首在济南广为流传的民谣:"娥皇女英惜别泪,化作珍珠清泉水。"娥皇与女英南下走到湘江边时,得知舜帝已死,随即双双跳入湘江,化为湘江之神。济南人则在趵突泉畔修建了

位于趵突泉内的娥英祠

娥英庙，以纪念娥皇与女英。

　　民间传说虽难以考证，但珍珠泉的美丽景色却一直为人歌咏。如明初曾任山东按察司佥事的晏璧有吟咏济南七十二名泉的诸多诗篇，他在《北珍珠泉》诗中就有"白云楼下水溶溶，滴滴泉珠映日红"之句。清代著名文学家蒲松龄在《珍珠泉抚院观风》两首诗中也有"玉轮滚滚无时已，珠颗涓涓尽日生""萍开珠串凌波上，池涌瑶光弄影消"的赞誉之句。清代散文大家王昶在他的《游珍珠泉记》中这样描绘珍珠泉："泉从沙际出，忽聚忽散，忽断忽续，忽急忽缓。日映之，大者为珠，小者为玑，皆自底以达于面。瑟瑟然，累累然。"一生中多次来济南的清乾隆皇帝曾驻跸在珍珠泉一带，也留下多首吟咏济南名泉的诗歌。他在《乾隆戊辰上巳后一日题珍珠泉》诗中说："济南多名泉，岳阴水所潴。其中孰巨擘？趵突与珍珠。趵突固已佳，稍藉人工夫。珍珠擅天然，创见讶仙区。"

珍珠泉公园

白云楼就坐落于珍珠泉畔,是元朝统一全国前夕,任山东行尚书省事兼兵马大元帅、济南知府的张荣府第中的一座楼阁。张荣任职济南期间,以民生为重,接纳流民,发展生产,强化治理,稳定社会秩序,因此到窝阔台汗八年(1236)中书省考核各地政绩时,济南被评定为"天下第一"。张荣因此封爵"济南公"。元世祖忽必烈中统三年(1262),蓄谋已久的李璮在青州起兵,打出叛蒙归宋的旗号,率军西行,攻陷济南。蒙古政权紧急调集力量平叛。张荣与其孙张宏率军与增援的蒙古军相配合,收复济南,平定李璮之乱,李璮投大明湖而死。次年(1263),张荣以83岁高龄去世,被追封"济南王",赐谥"忠襄"。张荣的长子张邦杰、长孙张宏先后继承张荣的爵位,后人对其遂有"三代济南王"之称誉。

张荣自封爵济南公起,就在今珍珠泉濯缨湖畔修建私人府第,以泉水为中心把院内建造成风景宜人的豪华住宅。后来张宏又在张氏园宅中主持增建了一座"高数十尺"的楼阁,即白云楼。它是当时济南城内最高的楼阁。白云楼雄伟宽敞,站在楼上极目远眺,北可观明湖碧波、黄河帆影;南可望梵宇簇拥、群山青翠。俯察泉城景物,更是历历在目。张荣有子孙40余人,但随着元朝政府削夺汉族"世侯"势力,张荣的子孙先后迁居外地。留在济南的豪华府第"张舍人园子"此时已是人气不再,但规模还在,并逐渐形成明代崇祯《历城县志》卷首所载济南著名八景之一的"白云雪霁"。"白云雪霁"是指冬日雪后初晴,登临白云楼所见"霁色浮金连岱岳,寒光射目失明湖"的绮丽景观,是脍炙人口的人文胜迹。

张养浩登临白云楼时,心生感慨,借景抒情,遂作《白云楼赋》:

吁其高哉!兹楼之有如此兮。括万象于宏敞,飞四阿于鸿冥。初疑阳侯海底鞭出一老蜃,喷云噫雾,扶舆五色凝结而成形;又疑大鹏九万失羊角,踞兹胜境而不去兮,翼截华鹊之烟雨,背摩霄汉之日星。

我来宣郁一登眺兮,众山故为出奇秀,恍然身世游仙庭。凭栏俯视魄四散,耳根但闻风铁音泠泠。上有浮云容与卧苍狗,下有惊湍澎湃奔流霆。

忆昔我公分符握节尹东土,声名遐迩流芳馨。脯麟脍凤,群贤此日方高宴,不意有奸闻境,阖城万室无一宁。公乘疾传出闻上,乱臣必讨存诸经。雄兵一夕自天至,纵余渠帅独典刑。九重赐券且与盟,带砺宠光浮动堂与庭。

惜余才疏生晚后机会,不及奋笔为拟燕然铭。雄心霸气、龙韬虎略见无复,空闻燕鹊鸣幽扃。当时风景今尽易,惟有风光山色无年龄。朱帘香歇桂花老,金铺色暗苔痕青。长歌慷慨吊陈迹,风动仿佛来英灵。忽然暮色自远而至兮,断霞斜照互明灭,诗成欲扫云间屏。贪徵兴废玩余景,须臾不觉一轮古月升东溟。

全赋既描写了白云楼的雄伟气势,山水景色绮丽如画,仿佛进入仙境一般;又述说了白云楼主人主政济南,闻名遐迩,流芳百世;又追述了张氏先人

明《历城县志》附济南八景之一"白云雪霁"

持符握节、亲率铁骑平定李璮之乱,被赐号封爵的往事;还抒发了张养浩建功立业的鸿鹄之志,慷慨激昂,激情满怀;同时流露出张养浩未能生逢其时、没能亲历昔日之峥嵘岁月而深感遗憾之情。

  此赋的流传,使年仅19岁的张养浩文名大振,誉满士林。时任山东按察使的焦遂欣赏张养浩的才华,举荐他出任东平学正。张养浩从此踏入仕途。

JINAN 济南故事

第二章

大都求仕为政勤

元世祖至元二十六年（1289），张养浩以"才行"卓异得山东东西道提刑按察司按察使焦遂举荐，出任东平学正，正式踏入仕途。这也成为张养浩人生历程中的一大转折点。

年轻俊彦得举荐

山东东西道提刑按察司是元朝政府在山东地区设立的直隶于御史台的监察机构。元代的山东地区，因处于重要的政治地理位置，以"据天下腹心"而被元朝统治者称为"腹里"予以直接控制。因此，除金元之际和元朝末年，山东地区不设行省而由中书省直接统辖，同时设有隶属于中书省与中书六部、枢密院、御史台等主要权力机关的分支机构，如隶属于中书省治所在济南的济南路宣慰司、济南等处宣慰司兼都转运使司，隶属于枢密院的山东统军司都元帅府，隶属于御史台的山东东西道提刑按察司等。山东东西道提刑按察司设立于至元六年（1269），作为省级督察机构，设有按察使、副使等职，负有监督

东平故城近照　张越/摄

东平故城进士牌坊近照　张越/摄

巡察司法刑狱、考核吏治、举荐人才、劝课农桑、访查保举贤能、勉励学校、宣明教化等职责。

与此同时,元朝廷正式确立岁贡儒人制度。在同年所颁布的《提刑按察司条画》中,访查举荐"有德行才能可以从政者",就成为按察使的主要职责之一。因此,任山东按察使的焦遂这时听闻张养浩的文名,对张养浩的才能、德行进行一番考察后,便以"才俊"之名举荐给朝廷。张养浩被任命为东平路学正。

东平府学在宋代因以东平为郓州而被称为"郓学"。北宋仁宗朝宰相王曾罢相出判郓州时,扩建郓州州学,置办学田200顷作为重要办学经费来源,人才济济为一时之盛。李清照的父亲李格非就曾经担任过郓州州学教授。金代的郓州州学继续兴盛不衰,金正隆朝宰相刘长言和章宗泰和之后的平章政事张万公、参知政事高霖、平章政事侯挚等,皆学成毕业于东平府学。金元之际的郓学曾因战乱一度荒废不振。直到严实入主东平后,着力恢复东平府学,聘请著名学者元好问、宋子贞等入学执教。严实之子严忠济主政东平期间,又以旧学地处低洼、建筑规模狭小,复于东平城东之高爽处另建东平府学新校,扩大规模,同时招聘进士出身的著名学者康晔、王磐等为府学教授。府学培养出了诸如号称"东平四杰"的阎复、徐琰、孟祺、李谦等一大批杰出人才。

元朝制度规定，地方路、府、州、县主持教育事务的官员，有教授、学正、学录、教谕等，统称教官。教授由朝廷者直接任命，是主持地方教育事务的最高一级的学官。教授之下设有学正、学录，以协助教授授课，管理有关学务。早在世祖至元二十一年（1284），元朝廷就颁布了由翰林国史院拟定的《腹里儒学教官例》，规定路一级的官学设教授一员，学正、学录各一员。焦遂伯乐识才，推荐年纪尚轻的张养浩出任路级儒学学正。这是张养浩踏入仕途的起点，更是张养浩此后政治生涯中的一次重要锻炼。

东平是当时人才聚集之地，张养浩担任的又是学职，在此有机会结识不少学界名流和政界要员，这对他后来在仕途上的进步大有裨益。据记载，曾在东平担任过东平路总管的章丘学者刘敏中、在京城为官的东平人王构等，这时大概都对张养浩有所了解或接触。这显然为张养浩的日后发展奠定了良好基础。

就在张养浩被推荐担任东平学正但尚未就任之际，父母还张罗举办了张养浩与郭氏之女的婚礼。张养浩的入仕、结婚，真可谓双喜临门，令张氏家族上上下下高兴异常。婚礼的隆重自不必说，张养浩对与郭氏的完婚也非常满意。他后来有诗追忆说：

东平白佛山景区

昔我既冠，君亦甫笄。于配其宜，婉有令仪。婉有令仪，于姑嫜不违，于娣姒不睽，于妇道不亏，于女红不衰。以迄于兹，如初来归。

"既冠"是说这一年张养浩已满20岁，"甫笄"是指新娘刚过15岁。新娘不仅长得漂亮，而且为人贤惠。婚后的郭氏孝顺长辈，友爱家小，勤俭持家，吃苦耐劳，有着良好的口碑，做得一手的好活，堪与其白头偕老，这令张养浩感到无比幸福，也使张养浩能心无旁骛地去追求自己的事业，实现远大的理想。

张养浩自幼学习儒家经典，接受儒家文化教育。他在担任东平学正期间，正常工作之余，精心编著完成了宣扬儒家正统、批判离经叛道歪理邪说的《卫圣编》一书，作为参考书提供给府学学生研读。张养浩之所以编著《卫圣编》，其根本目的就是捍卫圣人之道，扶正祛邪，以正人心。

张养浩在《卫圣编》中对诸子假托儒家正统的种种学说进行了分类辨析。因为在张养浩看来，老子、庄子、申子、韩非子以及佛教文献，与孔子的思想学说泾渭分明，人们对于什么是儒家思想、什么是道家思想、什么是法家思想、什么是佛教思想，一般不易混淆弄错。但是，打着儒家正统旗号的人，如左丘明、荀子及秦汉以来诸儒的学说则不同，后世把他们视为儒家学说的正统传人，他们又都从祀孔庙，对他们的学说若不加以辨析的话，容易混淆视听，贻患后世，所以张养浩认为："不得圣人之心，必不能知圣人之言；不得圣人之言，必不能知圣人之事。"《卫圣编》就是为了捍卫孔子思想的纯洁性，辨析"左氏、荀子及秦汉以来诸儒"对孔子学说各自不同的主观阐释而作的。

由于《卫圣编》书已不存，所以张养浩具体对"左氏、荀子及秦汉以来诸儒"的学说做了何种分类，每类的具体内容是什么，究竟张养浩的辨析是对还是错，这些已经难以判断。但是张养浩敢于独立思考、不盲从权威的精神还是十分可贵的。他这种善于分析、长于思想的性格，也成为他此后从政期间表露鲜明的思想品格，更显示其人格魅力。

礼部贡职"能臣"誉

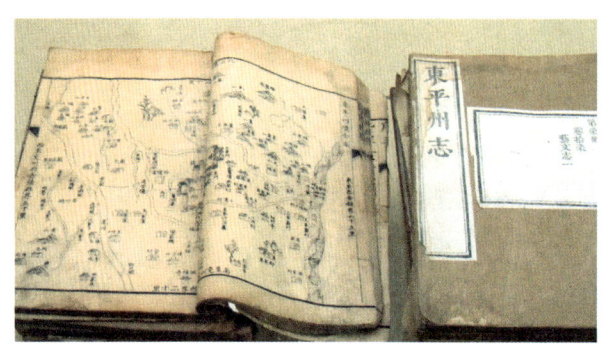

乾隆《东平州志》书影

转眼间,张养浩的东平学正之任已满3年。按照元朝选官制度,3年任满的张养浩已有资格晋升或迁转新的官职。虽然张养浩在东平的其他事迹文献记载不多,但《东平州志·职官门》所记东平学正4人,首列王磐,次列张养浩,说明张养浩在东平的确有着出色的表现,赢得了较好的社会声誉。这也就引起了当时身为山东肃政廉访副使陈英的关注。陈英建议张养浩去京城考选省部令史。

元朝此时还没有实行如前代的科举选官制度,因此官员的选拔任用,整个官员队伍的充实,主要由恩荫、儒生、吏人补充。当时流传的"一官二吏、三僧四道、五医六工、七匠八娼、九儒十丐"的说法未必完全符合实际,但是元代儒生、学官的地位之低微却是事实。学官升迁十分困难,特别是从学正按照官吏晋升的规定升教授就更难。据大德年间中书省的统计数字,当时全国各路府州县有89处教授空缺,候补者则有500多人,因此若靠担任学职出人头地,将是一条漫长之途。由吏为官,也就成为比较便捷的选择,故时人把吏员出职为官称为"吏仕"。在陈英的举荐下,张养浩在学正任满之后,决定去大都(今北京)谋求出路。

大都,是元朝的政治、经济、文化中心,其宏伟壮丽在当时世界上可说是首屈一指。意大利旅行家马可·波罗曾在大都长期居留,写下了著名的《马可·波罗游记》。他在书中对大都有着浓墨重彩的描绘,盛赞大都的庄严宏大、人口之众、城市繁华是前所未闻的。至元二十九年(1292),张养浩到达

元大都遗址公园照

京城，拿着陈英的推荐信去面见平章政事不忽木。不忽木是当时为世祖忽必烈所信赖的国之重臣，先后师从王恂、许衡等著名学者。许衡曾把历代帝王名谥、统系、岁年编纂成书，将其作为教材教授学生。不忽木皆能牢记成诵。有一次忽必烈以此为题考查国子生时，不忽木竟背诵得一字不漏。许衡为此夸赞不忽木将来"必大用于世"，特地为他起名为"时用"，字"用臣"，对他寄予厚望。不忽木深受汉文化的影响，有很高的汉文化素养和文学素养，曾有乐府行于世。他谙熟历史，崇儒尊长，纲常观念浓厚，为人沉稳而敏瞻，被评价为"纯儒"。不忽木22岁就出任掌管朝廷货物出纳的利用监少监，历任燕南河北道提刑按察副使、提刑按察使、吏部尚书、工部尚书、刑部尚书、翰林学士承旨、知制诰兼修国史等，36岁时被忽必烈任命为中书平章政事，出任宰相。他为相后，以提携重用人才为急务，这才有了陈英对张养浩的举荐。不忽木在了解到张养浩的才识之后，认为这正是朝廷所用之才，于是毫不犹豫地以"国士"之名推荐张养浩出任礼部令史。

礼部是掌管国家礼仪的政府机关。张养浩任礼部令史后，得到朝廷诸多名流前辈的提携与奖掖，如时任翰林直学士的姚燧、监察御史刘敏中等名臣。他们都把张养浩视为知己。姚燧是元代著名文学家，他爱才若渴，对张养浩竭尽全力予以提携，也使张养浩此后走上以姚燧为师法的文学之路。刘敏中是章丘人，与张养浩为同乡，他为此专门赋诗《送张希孟秀才赴礼部掾》二首相送。诗中说"爱君千里马，为赠绕朝鞭""飞翔从此地，昂耸看他年"，表达了姚燧对张养浩就任礼部令史及其日后发展充满期待，寄予厚望。

张养浩为政处事，既坚持原则又恭谨务实，很快就赢得了"能臣"的赞誉。

履职中台"真台掾"

就在张养浩到京师的第三个年头，至元三十一年（1294），元世祖忽必烈崩于大都紫檀殿，在位35年，享年80岁。在忽必烈去世后，铁穆耳便得到顾命大臣平章政事不忽木、御史大夫月鲁那颜以及太傅伯颜等人的拥戴，遂即帝位，是为元成宗。不忽木由中书平章政事晋为昭文馆大学士、平章军国重事。为加强御史台监察体系建设，不忽木向时任御史中丞的崔彧推荐官员，以充实御史台官员队伍。此时张养浩便在不忽木的举荐下，从礼部调动到御史台任御史台掾。

在中国古代中央政府各机构中，负有监察、讽谏以及司法职责的御史台，自东汉正式设立直至元代，一直都是最重要的行政机构之

元成宗画像　选自清人绘《历代帝王真像》

一。在元代，御史台与中书省、枢密院为鼎足之势，对肃正纲纪、维护朝政发挥着巨大的作用。张养浩任御史台掾，虽然仍是一名低级吏员，但他深知在御史台任职并不轻松，不仅容易触及皇亲国戚、高官显贵的利益，甚至还可能冒犯最高统治者皇帝的尊严。张养浩认为，尽管在御史台任职容易惹火烧身，但是只要是于国于民有利，做些牺牲也没有什么遗憾，他自当尽心竭力。

大德二年（1298）崔彧病卒，不忽木以平章军国重事兼任御史中丞。能在对自己有知遇之恩的不忽木手下任职，张养浩感到这是莫大的激励，由此他更感责任重大，更加尽职尽责，勤谨处事。

张养浩为人能坚持原则，敢于批评某些不良现象，也不怕得罪人。御史台有一位幕僚官因政见不同遭台臣诋毁，愤然去职。起初张养浩对他能不惜辞职也要坚持原则颇怀敬意。却不料没过几天，这个人又回来上班，也不再坚持原来的意见了，还像什么事都没发生一样。张养浩对此人的这种软骨头行为非常看不惯，当面对他以"礼义廉耻"之大义数落责备。有同僚为息事宁人，予以调和。张养浩则不予认同，引经据典，以是非曲直为辩。众人终为他所折服。

张养浩注重洁身自律，甘于清苦自守。他到京城任职已经五六年了，却仍然过着清贫简朴的生活。有一次，不忽木得知张养浩生病告假在家休养，遂亲自到张养浩家中探视。不忽木到张养浩家中看到，除了几件必备的家具、用具之外，整个居室空徒四壁，什么值钱的装饰、陈设都没有。不忽木情不自禁地感叹说："此真台掾也。"

上书中丞露锋芒

大德四年（1300），对张养浩多有提携器重的当朝重臣不忽木因病去世，年仅46岁。佥书枢密院事董士选继任御史中丞。

董士选，字舜卿，真定藁城（今属河北）人，出身于官宦世勋之家。其祖董俊曾为蒙古南下中原立有汗马功劳，为元初河北著名"世侯"之一。在他的9个儿子中，长子文炳、三子文用、八子文忠事功最显。文用历官御史中

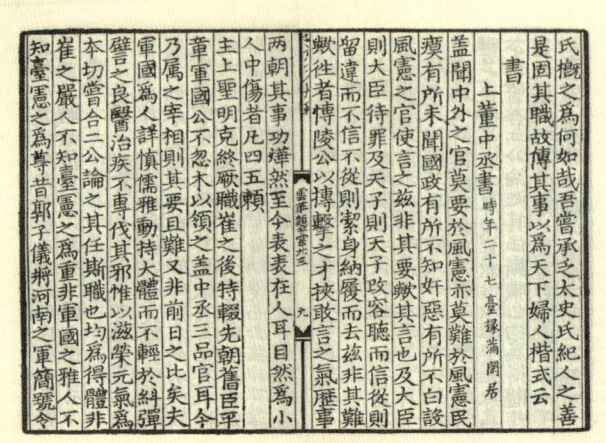

张养浩《上董中丞书》书影

丞、大司农、翰林学士承旨、制知诰兼修国史；文忠官至资德大夫、佥书枢密院事；文炳即董士选的父亲，历官侍卫亲军都指挥使、中书左丞、佥书枢密院事，深得世祖忽必烈的信任倚重，被忽必烈称之为"董大哥"。藁城董氏尤以亲近儒士、招贤纳士闻名。如当时名臣王恽就得到董文用的举荐，元明善、虞集、吴澄、范梈等一代文学之士也都得到过董士选的提携或重用。因为世祖曾直呼董文炳为"董大哥"，所以成宗就称呼董士选为"董二哥"，由此亦见成宗对董士选的信任。

就在董士选就任御史中丞之际，张养浩正"任满闲居"。因为此前在任中书省掾、曾为董士选属下的好友元明善的引见下，张养浩曾拜谒过董士选，得到礼遇接待，与之有一面之识。加上知道董士选具有招贤纳士的雅量，张养浩遂撰写了《上董中丞书》，就整肃台纲台纪倾心进言。

在上书中，张养浩首论台宪责任之重。张养浩建议董士选信赏必罚，以振台纲。他还建言要执法必严，违法必究。

张养浩在所撰《上董中丞书》中除了表述自己的政见外，或暗含求董士选相荐之意也未可知。事实上，董士选对张养浩的为人与才能是颇为欣赏的。或许与董士选有关，张养浩在宪台任满闲居不久，就以"俊才"之名任职中书省令史了。

中书省府称"三俊"

在中书省,张养浩与同为省掾的好友元明善、曹元用被时人称誉为"三俊"。元明善(1269—1322),字复初,大名清河(今属河北)人,被爱才的金行枢密院事董士选招至麾下,后随董士选入京,任中书省掾。曹元用(1268—1330),字子贞,东平汶上大张村(今属嘉祥)人,历镇江路儒学正至京师,先被翰林学士承旨阎复推荐为翰林国史院编修官,复以见事明决转中书省右司掾。三人声气相投,结为至交。

元朝实行两都巡幸制度。自世祖忽必烈起,每任皇帝每年春、秋都来往于大都与上都之间,避暑于蒙古草原。北巡的时间一般是春季二三月间离大都赴上都,秋季八九月间由上都返回大都。每年离开大都赴上都前夕,朝廷都要举行盛大的仪式,多在琼华岛万岁山的广寒殿中大宴文武百官。出行的路上,皇帝一般是乘坐平稳的象辇,前有骆驼仪仗队引导,一路有乐队伴随,声震于野,威武雄壮,极具大元帝国皇帝的威严。皇帝北巡期间,除留守大都的机构照常运作外,包括中书省、枢密院、御史台以及中央其他官署的主要官员都随驾至上都设衙理政。张养浩任职台省期间,亦几次因公赴上都,对元王朝的发源地有了进一步的了解,对浩瀚的草原风光也有了切身的体验。

大德二年(1298)三月,张养浩首次与御史台官员扈从元成宗赴上都。他们一行自大都出发,由来往两都之间的"辇路"一路向北,过居庸关,沿黑谷上行,跋山涉水,到达上都城。塞外风光别有一番景致:浩瀚的沙漠一望无际;草原上则青草嫩绿,白草遍

元代两都巡幸路线图

地，牛羊成群。夏季的蒙古草原，更是绿草如茵，金莲花盛开，时有骏马、驯鹿、野兔在草丛中出没，景色分外壮美。

北巡制度也催生了元朝独特的文化景观。跟随北巡的朝廷官员或文人雅士，在扈从圣驾幸游时，虽途中辛苦，但也宛若旅行，故沿途多即兴吟诗歌赋，写景记俗，歌咏描写沿途景观和上京风情，遂诞生元朝边塞诗的一种特殊形式——"扈从诗"，时称"上京纪行诗"。张养浩触景生情，就写下了传世的《上都道中二首》，以纪其行。

其一曰：

穷洹惟沙漠，昔闻今信然。
行人鬓有雪，野店灶无烟。
白草牛羊地，黄云雕鹗天。
故乡何处是？愁绝晚风前。

2010年12月建成开馆的张北县元中都博物馆

其二曰：

> 幽都风土异，六月亦冰霜。
> 草地宽于海，土山低似墙。
> 茹毛民简古，啮雪客荒凉。
> 自愧成何事，孑然天一方。

诗作描写了塞北草原以及沙漠地带的自然风光与社会习俗，颇具一定的认识价值。他后来还写了一首《过中都》：

> 三月龙沙春未知，云山环野玉参差。
> 半空蜃气云间阙，一路骊珠马上诗。
> 丰沛汉皇汤沐邑，豳岐周室治平基。
> 我来历览开天处，亿万斯年理固宜。

诗作描写的中都是元代所建行宫，位于兴和路（在今河北省张北县北），其地为往来大都、上都以及通往西域的交通要道，故有"中都"之称。中都城从建成到元末被烧毁，前后存世50余年，历有"一座中都城，半部元朝史"之说。诗的前四句描写中都沙堆遍地、雪山环野以及沙漠海市蜃楼的自然景观，后四句以周室汉皇作比，指出中都是元朝开天立国的发源之地，政治地位十分重要。自己能得以亲身历览，备感荣幸，隐含着张养浩的励志追求与不懈奋斗的远大志向。

吏职考满擢县尹

就在张养浩矢志建功立业之时，他却接连遭受身心摧折。大德六年（1302）的立秋前三天，张养浩疼爱的儿子、年仅6岁的雁奴不幸因病夭折，这无异于晴天霹雳，使张养浩悲痛不已、伤心异常。

要知道，从张养浩到任京城以来，他的妻子郭氏相继生了4个儿子。他们

元代戏婴图轴

却都在襁褓中夭折。大德元年（1297），张养浩的第五个儿子出生，乳名雁奴。他在郭氏的精心抚育下健康成长。3年后，雁奴的弟弟又出生了。这使张养浩的丧子之痛略被抚慰，也渐渐忘却那些不幸。

不知不觉，雁奴已6岁了。他是个秀慧可人、非常聪明的孩子。从刚刚懂事起，每逢有客人到家，他都能熟记来客的姓名字号。见到年长的客人，不须家人指教，他就会主动上前迎接，打招呼。张养浩的朋友们都知道雁奴聪慧而喜欢逗弄他，若对之以和颜悦色，雁奴就表现得欣然异常；若冷眼慢待，雁奴就会小嘴一撅，任凭怎么哄劝也不理你，常常惹得客人开怀大笑。雁奴与弟弟在一起玩耍，也表现出当哥哥的样子，处处让着弟弟。特别是雁奴的记性非常好，以前经历过的事，隔年后皆能详细回忆叙说。张养浩也对雁奴疼爱有加。他与妻子商议说，再过两年，等省掾任满，获得一官半职就告老还乡，安享家人团聚生活之乐。郭氏也怕再失去这个孩子，她对张养浩说，宁可自己少活10年，也愿雁奴长大成人。可万万没有想到，郭氏的担心竟成为事实——雁奴病了，竟一病不起。

雁奴生病之初，张养浩在省衙当值，公务繁忙，常常很晚才回家。每当张养浩晚回的时候，雁奴都哭着闹着找父亲；每当张养浩值夜班时，雁奴通宵都不肯安睡，要一直等到次日父亲回家。直至病得已经很厉害了，小小年纪的雁奴生怕父母见其痛苦呻吟的样子而难受，还强装笑颜安慰父母。张养浩日后说，莫非这孩子知道自己时日不多，要尽可能地与家人团聚？张养浩因自己没能在最后的时日陪伴孩子而愧疚万分。雁奴的夭折使张养浩肝肠寸断、伤心欲绝。

张养浩熟读儒家经典，躬身践行儒家孝道，是个大孝子。他人居京城，却时常担忧在济南老家的祖父母和父母。他觉得自己求仕在外,不仅没有获得一官半职,挣钱养家,反而落得如丧家之犬,不能光耀门楣,使父母心寒;如今几个儿子又相继夭折,自己不能抚子育嗣,备使父母心凉,实在对不起父母,对不起祖先。

雁奴死后,张养浩把他暂时安葬在大都文明门外广度寺之南的一片高地上,专门写了《子雁奴圹铭》作为永久缅怀。雁奴死时,雁奴的弟弟张强还只有3岁,这也曾让张养浩担心。殊不知张强不仅长大成人,还娶妻生子,特别有出息。10年之后,张养浩又得一子,名张引,字惟远。他能恪遵父教,读书上进,长大后恩荫入官,历秘书郎、太庙令、闽海道廉访佥事,官至江南行台监察御史,承继其父名节,卓有声名传世。这两个儿子的成长,才使张养浩长久的悲痛心情稍得慰藉。

大德八年(1304),张养浩为中书省掾任期已满,遂转为丞相掾,任丞相院知管差。这时其好友王恽(1227—1304)因病家居逝世。前几年,他的几位朋友中已有翰林学士承旨唐仁祖、昭文馆大学士不忽木相继去世,如今王恽亦去世,引起张养浩的无限悲思。他遂专门写了一首七言律诗《王内翰哀挽》,以寄托哀思:

> 束发耽经晚益勤,平生精力尽斯文。
> 前朝十老今余几,当代三王独数君。
> 李贺屡烦韩愈驾,羊昙空阻谢安坟。
> 玉堂寥索人何在,落日溪窗满白云。

诗中歌咏了王恽勤政为国、勤于著述的高尚情操,肯定了他作为一代名臣、为世之范的巨大贡献,表达了王恽对自己荐举之劳的感谢,更对好友的去世表示沉痛哀悼。

大德九年(1305),张养浩吏职"考满",被选授为东昌路堂邑县(县治位于今山东聊城东昌府区堂邑镇)县尹。其实,根据元朝吏员"出职"制度,任吏期满,经考核合格,可授予不同的官职。若曾担任过台、省等高级吏职,考满之后或出任地方官,或进入中央核心部门。按照张养浩的资历与条件,他完全可以循例得授朝官,而无须再到地方任官。但在张养浩看来,能"亲临民事,周知下情"才是为官一生最具价值意义的。张养浩认为管理一个数十万人口的大县,正是作为一名胸怀理想信念的学者心甘情愿去追求的,遂不念官品高低,不顾官职清高卑微,怡然赴堂邑就任。据《元史》列传统计,有元一代,曾担任过省掾而出职为官的21人中,只有张养浩一人出职后不贪恋在中央部门任职而是莅任一县之尹,由此也鲜明地展现出张养浩高节迈俗的为官风范。

JINAN 济南故事

第三章

主政堂邑惠民生

世祖至元二十六年（1289），张养浩被举荐出任东平学正。这是他由"儒"入"仕"的起点，成为其人生的重大起步。而成宗大德九年（1305）张养浩由省掾"循例"出职，选授堂邑县尹，则是其身份由"吏"为"官"的标志性转换，成为其人生历程中的又一重大转折点。正如入仕前他登泰山时的亲身体验：从泰山脚下的岱宗坊到中天门，山路较为平缓，少有大的陡峭坎坷；但从中天门再往上至南天门，则步步登高，亦步步险峻；只有奋然努力，一鼓作气，才能登上泰山顶峰，领略"风云一举到天关""一览众山小"的惬意人生。

赋诗著文明心志

经过10余年官场的历练，张养浩早已不是那个充满理想豪情的学子，而是成长为拥有经世为民抱负、富有临政处事经验的一名朝廷官员。

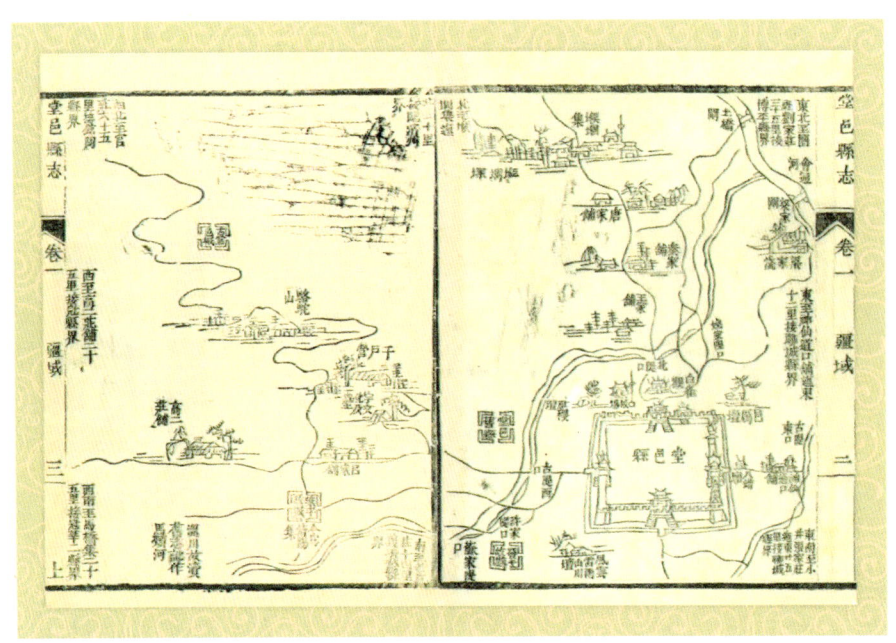

光绪《堂邑县志》所绘堂邑县境示意图

能做个亲民官，有机会为百姓谋福祉，无疑是令人兴奋的事，也正是实现理想抱负的大有为之时。在赴任堂邑的前夜，张养浩竟辗转反侧，难以入眠，索性起床，挥笔赋诗一首，作《初拜堂邑县尹》以明心志：

> 一县安危任不轻，初闻恩命喜愁并。
> 徒劳人尔岂吾意，何以报之惟此诚。
> 操刃岂容伤美锦，循墙谁敢忘高名。
> 前贤为尹规模在，他日须期与抗衡。

在这首诗中，张养浩清楚表达了出任堂邑县的喜悦与忧虑。他扪心自省，任职一方，一定要洁身自爱，为官不是借用权力为己谋利，而是要以公廉之心，思考如何报效国家、为民谋利。他把堂邑视作一方"美锦"，临政恤民就要像裁剪制作锦绣一样，需诚心谨慎而决不能有丝毫马虎懈怠。虽然自己没有过分奢望要超越前贤名流，但是诚生爱、爱生智，只要有爱民之心，也不怕才智不及。为政一方，雁过留声，总要留下个好声名，留待后人去评说。诗作表达了张养浩受命堂邑以后的心情与抱负，鲜明反映了他欲清廉从政、有所作为的思想。

堂邑（县治位于今山东聊城东昌府区堂邑镇）于隋开皇六年（586）正式建县，历史上为黄河流经之地，土地较为贫瘠，人丁众多，且常发生各种自然灾害。经过宋元鼎革、社会动乱之后，虽有元初以来的休养生息，但民众生活依然困苦艰难。如何发展生产以抚众养民，是作为亲民官首先要面对的重要任务。

"四知"题匾为鞭策

张养浩到堂邑后，欲住在官衙之内。县衙属吏却对他说，县衙官舍是"凶宅"，住在这里不吉利，劝他另换地方居住。这是怎么回事？经进一步了解，张养浩才明白：所谓"不吉利"之说，是缘自前几任官员不能秉持操守、洁身自好而因贪贿罢官。而导致他们仕途不达的根本原因是自身的所作所为，并非官衙的房子不吉利。心地坦荡的张养浩没有理会官舍"不吉利"的传言，坚持住进官衙，以方便办公处事。

借鉴前任官员的经验教训，更是为了表明心志，张养浩践行儒家倡导的"慎独"学说，以身作则，躬身垂范，特意把自己的住室题匾为"四知堂"。所谓"四知"，是张养浩借用《汉书·杨震传》记载的典故以明志。杨震（59—124），是东汉弘农华阳（今陕西华阴）人，他通晓经典，博览群书，有"关西孔子"之称。他淡泊名利，洁身自好，为官忠贞清廉，生活俭朴。他做官10余年，不置办产业，不修豪华宅第，食以蔬菽，衣无锦绣，徒步往来，不乘车马。他的几个儿子为官也都能洁身自爱，清廉自守。杨震出任东莱太守时途经昌邑（今山东昌邑），正好是以前经他举荐的荆州王密任昌邑县令。王密为答谢杨震的举荐之恩，遂在夜深人静之时，怀揣10锭黄金到驿馆拜见杨震。对王密此举，杨震甚为生气，断然拒绝。王密却辩解说："此时夜黑人静，是不会有人知道的。"杨震义正词严地说道："天知、地知、你知、我知，怎么说没有人知道呢？"王密惭愧而退。对此，张养浩认为，为官贪贿，是不能守公廉之心的，也不能做到洁身自爱。居官不清白，都是因为喜奢好侈使然。不能守公廉之心，步入贪贿之壑，不仅自己深获罪责，而且有负国恩，使亲人受辱，使乡朋蒙羞。那些假借名目索取于人者，或营利以侵民者，或因讼而纳贿者，或托名假贷、托借亲属索贿者，或宴馈无禁、不知节制者，最终都会身败名裂。为时时提醒自己，以前人为镜鉴，张养浩还特意赋诗《公退书四知堂壁》一首，题写在居室的墙壁上，时时以为鞭策：

邑壮怜才弱，官微虑患深。
韦弦千古意，冰檗一生心。
袖有归来赋，囊无暮夜金。
二年何所得，憔悴雪盈簪。

诗句主要意思是说自己作为堂邑县尹，官职虽小，但对各种忧患还是会深

《堂邑县志》所载张养浩《题四知堂》等诗作书影

入思考的。唯有虑患深，才能通达事理，防患于未然。为政处事既不能懈怠，也不能操之过急。唯有甘于清苦，清廉自守，才能不卑不贪，善处进退。诗中凸现出张养浩清廉正直的人格和情真意切的为政之心。

张养浩将居室挂上一个"四知堂"的匾额，壁上题写诗赋以自警，既是他内心崇尚杨震高风亮节的真实写照，也是其廉洁从政的公开承诺，还是他反对当时官场歪风邪气的实际行动。这处挂着"四知堂"匾额的建筑，直到清康熙年间还完整保存。时任堂邑知县的张茂节就进行过修缮，对张养浩的公正清廉表示敬重。

悉心寻访祛弊端

张养浩到任之初，便以民生为先务，放下身段，四处查访，与县衙同僚一起听政议政，听询、接受下属的参谒建议，处理百姓的诉讼疑难，对民瘼轻重、吏弊深浅、诉讼多寡以及境内有哪些大宗豪强之家等，做了详细的调查了解。他认为，治官如治家，一家之事，无缓急巨细，皆所当知；有所不知，则有所不治也。

通过走访，张养浩进一步了解到，县境民众因文化落后，加上当时比较宽松的宗教政策，堂邑民众盲目迷信的风气还较为浓厚，各地建有各种名目的祠庙，有人便借机装神弄鬼，利用人们求神拜佛之际，大肆敛财，极大地败坏了社会风气。还有别有用心的人借助祠庙场所妖言惑众，煽动闹事，于社会治安大为不利。尤其是因祠庙建造过滥，徒损民力物力，还占用大量劳动人手，也于发展生产极为不利。对此，张养浩以厚风俗、明教化为先务，明令宣布"毁淫祠"，以正风俗。张养浩亲自率领县衙属吏奔赴各乡村山野，拆毁"淫祠"30余所，对那些不听规劝继续供奉邪教者予以处罚，对继续敛财害命者则严惩不贷。从这以后，堂邑境内各类违规建造的祠庙基本禁绝，那些依靠装神弄鬼骗人钱财的也销声匿迹，社会风气大为好转。

在此之前，元政府曾下令在全国各地修建奉祀伏羲、神农、轩辕三位中华先祖的"三皇庙"，三皇之祀遍布全国各地。由于堂邑的三皇庙是当时民众百姓求神医病、寻求精神寄托的主要祠庙之一，因而在铲除"淫祠"的同时，为满足老百姓求医看病的需要，张养浩从县财政拨出钱物对三皇庙进行维修，在庙内设置专为百姓看病的医学馆，由县里的医学管勾、教谕负责组织生员在此习医，开展为民送医送药活动，极大地便利了民众的看病求医。

为宣扬教化，整饬社会风气，张养浩还特意把他听政处事的县衙五间后堂题名为"宣化堂"，在此议事办公，以弘扬正气。

同前代一样，农业是元代社会生产的主要部门。元朝政府重视发展农业生产，不仅颁行官修农书《农桑辑要》于全国各地，以作为指导农业生产之用，而且在任命各级地方长官的时候，官员的官衔上都要加上一个"劝农事"的名号，劝农与否也是朝廷考核各级地方官员政绩的主要内容之一。然而，行之日久，所谓"劝农"，则日益变得繁文缛节、流于形式，成为弊政之一。原因就在于那些打着"劝农"旗号的官员，每到一地，往往是先期以告，地方上为此铺张准备，预办酒食，组织迎接。等到人至，接待伺候，奔走通知，安排视察，一连就是数天。而随官员来的胥吏，包括侍人等随从人员，也常常借此为所欲为，或坦然接受请送，或公然索取贿赂等。等这一行人要走了，还要带上地方特产及各色礼物。张养浩认为，劝农之道其实很简单，就是勿夺农时而已。至于繁文末节，应当通通删略。张养浩不仅是这么说的，更是这么做的。他到任堂邑以后，没有去做那些表面文章，而是在民众最困难的时候出现。他深入实际，组织实施减免均平赋税杂役、奖励垦荒、兴修水利等措施，以促进生产发展，把关注民生、发展生产、消除民困、为民谋利作为其施政重心。

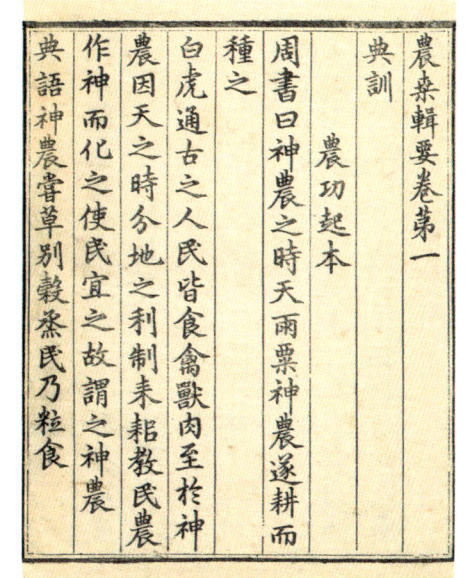

上海图书馆藏元刊本《农桑辑要》书影

自元初起，元朝政府就建立起一套比较完备的由路府总领下的府科于州、州科于县、县科于民的赋役体制。赋役征收的依据则是户籍人口与田产的多寡。按照元政府规定的赋役征收标准，各州县分为上、中、下三等缴纳赋税，摊派徭役。堂邑按规定属于中等。然而经张养浩实地调查发现，堂邑民众赋役负担重于他县的主要原因就在于富户隐匿户口田产，贫户逃亡脱籍，遂造成赋役不均、畸轻畸重之弊端。如何均平赋役便成为解除民困的首要任务。为此，张养浩组织访问查实，采取重新登记户籍与土地的办法，检括出大量没有登记在册的漏籍户和隐匿田产，然后据此摊派赋役，使之更为合理。

按照元政府制定的赋税缴纳则例，农户缴纳赋税本来"分作三限送纳"，即按照三期期限缴纳官府。但实际上，各县迫于上司的压力，催赋纳税的通告往往急如星火，有的甚至是连夜催征，使老百姓难以做充裕准备。所谓"三限送纳"往往变成官样文字。更违规的做法是那些畸零税户的赋税，往往责之于各乡村的乡正里长，使之在其中上下其手，甚至挪用贪贿，也使应征赋税往往不能按时足额缴纳，最后是纳税民户承担违欠之责，困苦异常。如何既能完成赋税任务，又不使百姓困于逼迫，张养浩认为还是要切实贯彻"三限送纳"的政策。为此，每当征收赋税时，他就令人在各乡镇张贴告示，与百姓约定期限，按时缴纳；那些赋税数额少又缺乏人手或缺乏车辆马匹的，到时则由官府组织设点集中收纳上缴。因为事先有告示通知，百姓有充裕的时间做准备；因为可在集中点缴纳，大为便利，赋税任务也就能准时完成。此举深得百姓的拥护。

同时，张养浩还采取措施革除赋役征收环节中的种种弊端。按照元政府制定的赋役征收格令，一个县的赋役征收，实际是由县官的副职主簿和县衙吏员来负责的，若缺乏监督机制，容易导致某些人从中徇私谋利，出现"大斛入，小斛出，窃其赢以自利"的舞弊行为。张养浩为此严格程序，严格监督，甚至亲力亲为。张养浩经常审阅赋役案牍，掌握赋役征收的实际状况，制定规章制度严格约束属下，并通过闲暇时间组织他们读经书、习律法，以提高其认识与素养，从而有效地避免徇私舞弊行为的发生。

对官府日常所需物品，张养浩也约束下属公平采购，即时付钱，禁止拖欠。在采购方式上，则采取类似后世竞价投标的做法，事先把官府所需物品种类、规格数量、拟采买价格等张榜于市，令商人竞价采卖。这样既保证了官府所需，又杜绝了采买环节的种种弊端。这些做法在张养浩去职多年后，仍为堂邑百姓所津津乐道。

至于其他杂泛差役，张养浩也千方百计地予以统筹解决。例如，堂邑地处南北大运河通惠河的中心地段，举凡运河修筑、官物运输以及造作杂役等，常较他县为重，成为百姓正常赋役之外的沉重负担。张养浩目睹了漕运兵丁、押纲使者对百姓的骚扰。他不怕得罪朝中权贵，与主管漕运的相关机构进行沟通约定，明令禁止、严厉惩处各种骚扰地方民众的不轨行为，使过往县境的朝廷使节、漕船兵卒等，不敢肆意妄为，甚至不敢随意索要一顿饭食，收到很好的效果。

穿越堂邑的运河近照

当时堂邑也与其他各县一样,要负担为朝廷饲养官马的徭役,这也成为老百姓的又一沉重负担。张养浩经过调研,对原来差派百姓分散喂养官马的方式进行改革,采取在全县集中设立43处官马厩的办法,由官府选募专人饲养,这样就大大减轻了民众的负担。

为民兴利惠民生

要使百姓安居乐业,最根本的还是要兴利惠民,发展生产。为此,张养浩经常下乡视察,尽可能地解决老百姓面临的生产生活问题。

有一次大雨过后,张养浩带属下坐上马车到乡下视察。由于刚下过雨,道路泥泞,车马难行,张养浩一行干脆下车步行。他沿途看到,雨后的天空云雾缭绕,地头堰边野花盛开,广阔的原野一派生机勃勃的兴旺景象。乡里的民众一开始以为他们又是从哪里来的骚扰百姓的官府"酷吏",没想到却是县尹大人下乡走访,遂纷纷簇拥到他的身边,诉说庄里乡情、民生苦乐。此次下乡走

访,虽然辛苦,张养浩却收获颇多。心情舒畅的张养浩回到县衙以后,即兴赋诗《雨后行县》一首:

> 命驾行农事,江天欣晚晴。
> 泥途迟马足,风树远莺声。
> 川回水云活,花浓田野明。
> 长官非酷吏,耆老不须惊。

诗作畅抒胸怀,书写所看所想,描绘出一幅情景交融的优美画卷,表达了张养浩巡政回衙后的轻松心情。

但是,年景并非都是风调雨顺的。俗话说,十年九旱。堂邑也不例外。就在张养浩到堂邑的次年,县境发生干旱,连续几个月滴雨未下,庄稼都种不上。老百姓没有收成,要如何度过灾荒?各地民众遂纷纷自发组织求雨。张养浩看在眼里,急在心里。虽然前头有大拆淫祠、破除迷信之举,但此时的他也没有别的办法。张养浩想要与民同甘共苦,为此,他专门写了《堂邑祈雨文》,率领县衙上下与百姓一起求雨,祈望神祇帮助"赞治道、福民生、成岁事"。或许真是诚意感天,或许只是机缘巧合,又或许张养浩早有预料,就在祈雨的次日半夜开始,天就阴起来了,从拂晓至午后,竟大雨如注,下了一次透地雨。全县老百姓为此欢欣鼓舞,奔走相告,都说此次下雨是县尹张公诚意所致。

大旱之后往往又是大涝,涝灾对农业生产的影响并不比旱灾轻。有一次,连日阴雨,县城郊区也发了大水,张养浩为此忧心如焚。次日,天刚蒙蒙亮,他就急忙起身,率属下去乡村查看灾情,督促灾后农作物的补种事宜。马车在泥泞的道路上缓慢前行。等到他们到村里的时候,太阳都升起来了。但见天空浮云飘移,阳光透过云层斑驳灿烂,田里的庄稼却东倒西歪,看来绝产是一定的。那么,该补种什么庄稼好呢?从小就熟悉父辈从事农业生产状况的张养浩,走到另一个村庄的时候,陡然看到田野里有一片盛开的荞麦花,这使他为之一振。荞麦生长期短,只要两三个月即可成熟,且春、夏、秋三季皆可种植,是比较能耐瘠耐涝也耐旱的农作物。常言道:"春荞霜后播,秋荞霜前

生机勃勃的荞麦

收。"即便是荞麦苗也能应时济困。看到荞麦生机勃勃的景象，张养浩绷紧的心略感欣慰。于是他安排人手，到各乡镇大力宣传，鼓励民众补种荞麦以渡过饥荒，收到良好的救灾效果。事后，张养浩怀着兴奋的心情，写了《行水灾郊外》一诗，回顾当时救民济困的情形：

> 云驳疏阴漏日华，晓晓晨色散林鸦。
> 马前怪底犹明月，路转满川荞麦花。

此诗无论是从表达的主题、展现的意境，还是写作技巧、锤词炼句，皆得后人高度评价。

整顿治安解民忧

在努力发展生产的同时，张养浩还下大力气整顿社会治安状况。在张养浩到堂邑之前，前几任县尹少有作为，对接连发生的一些治安事件处置不力，办案仓促草率，导致诸多遗留问题。张养浩到任堂邑之始，就发现有数量众多案底在籍的"盗寇"，他们要遵照"朔望参"的规定，即每月农历初一和十五，到官府接受例行训诫，这是怎么回事？为此，张养浩重新阅读案牍，了解案情，调查实际状况，最终查实清楚，那些所谓"盗贼"，其实原来都是比较本分的农民，只不过是因为灾荒或家庭困苦，生活一时无以为继，为饥寒所迫，不得已而有小偷小摸的行为，与那些以盗窃为生的人还是有较大区别的，不应不分青红皂白地一概以"盗贼"判处对待。张养浩认为，既然对他们都已经处罚过了，现在还要以"盗贼"视之，等于断绝了他们的为良之心，使之难以为人。于是张养浩明令宣布罢除"朔望参"的旧制，也就等于平反了这些人的冤案。众人为此都感动得哭了，并互相告诫说："我们千万不要辜负了张公的恩德呀！"

同时，张养浩对那些确实有盗窃前科、负罪在案的盗窃犯，也尽可能给予他们自新的出路。张养浩就曾经与5名盗窃犯约定，如果他们能改过自新的话，就永远消除他们的案底，让他们堂堂正正做人。结果，到张养浩离任堂邑时，已有3人悔过自新。张养浩由此总结道，加强宣传教育与预防警戒，杜绝人们的犯禁之心，较之利用单纯的刑罚手段惩办打击，更能敦促人们远离犯罪，收到好的治安效果。

张养浩以上之举，也绝不意味着纵容犯罪。相反，对那些横行乡里、鱼肉百姓的乡顽村霸，他却绝不手软。当时有一个叫李虎的恶霸，虽命案在身，却仍纠集一伙臭味相投的人，结为帮派，为所欲为，为害一方，是个典型的黑社会老大。尽管老百姓难以忍受他们的暴戾，告到官府，但前任县尹担心惹祸烧身，对李虎等人的恶行总是敷衍搪塞，不敢过问解决。张养浩了解实情后，气愤地说："身为父母官，不为民除害，还有何颜面面对百姓！"遂命县尉带人将李虎抓捕到案，按照律法予以严厉惩处。他的除暴戾、张正义之举大得人心，老百姓无不拍手称快。对这种一宽一严的施政风格，后人赞誉他是"宽中见严，为政高手"。

张养浩整顿社会治安的一个重要举措，就是在会通镇主持修建"警宵楼"。会通镇为元代南北漕运通道会通河之枢纽，是堂邑有名的大镇，也是堂邑县境的一个要害所在。张养浩巡察劝农会通镇时，就有镇内长老代表乡亲面见张养浩诉告，说会通镇为漕运转输咽喉之地，有4 000多人口，但是因为离县治有百余里远，治安力量薄弱，遂有豪猾不逞之徒，昼散宵聚，随发随逸，气焰嚣张，干扰百姓生活，民众日夜担忧，应想办法予以治理。张养浩于是马上召集负责镇上治安的史姓、周姓两位捕盗官与镇上长老们商议对策，寻找解决办法。他们遂建议说，之前就想修建一座警楼，每天派人值守，夜间配合巡夜，以便及时发现情况予以处置。材料都准备好了，只是没能选定地点，现在盼望县尹大人予以支持并协助解决。闻听此动议，张养浩立即表示支持，遂亲自勘察，选定会通河边一处高地为楼址，随后组织人力动工修建起一座上下两层、高阔丈余的楼阁。警楼建好后，张养浩专门派人赴大都，请德高望重的朝廷重臣、集贤大学士张孔孙题写了名为"警宵"的匾额悬挂楼上，自己则精心撰文《警宵楼记》，刻石铭记此事。张养浩还在全县推广这一做法，包括在县

康熙《堂邑县志》所载《警宵楼记》书影

城内新修建了鼓角楼以严更漏,于全县治安收到极好的效果。

由于张养浩大力推行以预防为主、惩办为辅的治安之策,前来县衙门前击鼓喊冤的少了,人与人之间的关系变得融洽了。即使有人诉讼到县,经张养浩亲自诘问调解,讲明道理,也大多会"悔悟而去"。以至于张养浩离开堂邑7年后,民众仍感念他在堂邑的所作所为,专门请张养浩同朝为友的元明善撰写碑文,为之刻石树立《县尹张养浩去思碑》,以纪念其政绩,还修建了祠堂永为垂范。

律己当严待人恕

张养浩在堂邑的生活是忙碌的,也是充实的。他为政勤谨,兢兢业业。每当处理完一天的政务,回到他居住的四知堂后,他都会点燃添加了香料的熏炉。炉内飘出的香气犹如云霞般溢满房间,令勤政一天、身感疲惫的张养浩略微放松下来。这时他都会反躬自省,回忆一下今天处理的政务,有哪些还解决得不够好,有哪些还待改进,还有哪些需要抓紧去办……待完全想清楚以后,他才能放得下心,安然地用餐吃饭。诚如他在《堂邑宣化堂退食》诗中所述:

县斋公退炷炉熏,聊为尘烦一解纷。

开户不教香远去,篆纹浮动半窗云。

诗作既反映了张养浩公退以后放松自得的心情,也昭示了他将更加用心,究心县政,为民谋福祉。

张养浩驭下甚严,甚至断了某些人的财路。但是下属们非但不怨恨,反而交相赞誉。其根本原因就在于张养浩能以身作则,公正廉明,不谋私利,待人以诚。在一次与同僚朋友于堂邑县郊的远心亭饮宴后,张养浩写下了诗作《堂邑远心亭饮归》:

小雨林梢生暮寒,野亭朋酒暂盘桓。

> 弄花始见春风巧，作牧方知政事难。
> 吉网罗钳非我志，尧年舜日尽民欢。
> 他时考绩甘书下，自有知音后世看。

诗作袒露出他出任堂邑县尹，渴求的不是个人发财，而是"尧年舜日尽民欢"；也不会为了个人升官，采取"吉网罗钳"般的手段去陷害同僚；自己不居功，不求名，求的是后人对自己问心无愧的评说。全诗鲜明地显示出张养浩清正廉明的为官原则、兢兢业业为民造福的情怀，以及不争名、不求利、为民谋福祉的操守。

那么，为什么张养浩还要说"作牧方知政事难"呢？其中一个重要原因，就是时人都知道的：在最难相处的同僚关系中，首举县尹与县里的第一长官"达鲁花赤"之间的关系。达鲁花赤或称"监县"，是元代设官立制颇有时代文化特色的制度之一。按照元朝制度规定，达鲁花赤由蒙古族人或色目人担任，主要行使监督之权。在县级政权中，一县长官除设有传统的长官县尹之外，又设位居其右的达鲁花赤，为县政第一责任人。在元代实际政治生活中，达鲁花赤与县尹二者之间的关系，常常比较紧张，根源就在于元朝政府刻意划分实施的"四等人制"。四等人制是指元朝统一中原过程中，元朝统治者将全体百姓分为蒙古人、色目人、汉人、南人四个等级，分别享有不同的地位与待遇。其中蒙古人作为元朝的"国族"，被称为"自家骨肉"，是元朝统治者依赖的基本力量。蒙古族以外的西北、西域各族人，取"各色名目"之义统称为色目人，是蒙古统治者的主要助手。到元世祖忽必烈统治后期，蒙古人、色目人、汉人、南人四个等级序列基本形成，并进一步贯彻到元政府具体的政策制度规定中。而元朝任命的达鲁花赤，多用非其人，以致"暴横自恣""刻心挠法""阴嫉同僚"的情况就相当普遍。

尽管如此，担任监县的官员中，也不乏宽宏大量、为政以公的优秀者，比如与张养浩在堂邑一起供职的达鲁花赤忽哥赤。在张养浩施政期间，忽哥赤对张养浩采取的改善民生、宣扬教化、整顿治安等诸多措施，都是大力拥护支持的。张养浩从属下口中了解到，忽哥赤担任过三任监县，从来没有听说与哪位县尹有大的隔阂矛盾。张养浩在乡下巡察中，也多次听到乡民对忽哥赤的赞誉，称之为"德人"。在实际共事中，张养浩更亲身感受到忽哥赤是一位友好同僚，是一位良师益友。所以，在忽哥赤任满转职时，张养浩特地为忽哥赤写了一份"鉴定书"，向中书省宰臣做了情真意切的介绍与荐举，盼望能授任忽哥赤一个称心的官职，还建议朝廷宣传忽哥赤的事迹，树为榜样。

其实，在张养浩执掌堂邑县政的政绩中，最应成为"矜式"而具示范作用的，还是他所著的《牧民忠告》。《牧民忠告》作为历史文献中最著名的官箴著作之一，是张养浩从主政堂邑开始，利用闲暇时间，根据自己的亲身体验、细心观察、反复思考所著录下来的为政心得。《牧民忠告》以一县长官的角度，从入职、处事、为人、为政、驭下、治家等各个方面做了论述。

张养浩勤勉为政、清正廉明、除恶霸、恤贫寒、正纲纪、敦教化，有口皆碑，以至于他离开堂邑后，人们还在县邑为他竖碑立祠，纪念他的政绩，歌颂他的贤明，怀念他的为人。

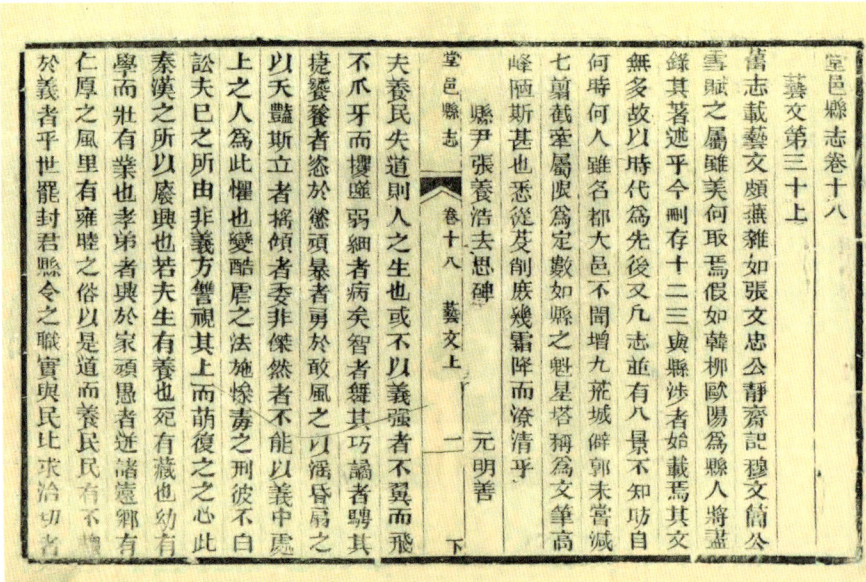

《堂邑县志》所记元明善《县尹张养浩去思碑》书影

3年任满，张养浩本应入朝做京官。朝廷却以其为政有方，在博平县一时没有合适人选的情形下，命他暂时代理博平县尹。博平（县治位于今山东茌平博陵镇）地处东昌路以北，为堂邑邻县，也是一个千年古县，与堂邑一样地据枢要，自然需要一个有能力的人主持政事。接到任命，张养浩仍以谦谨的心情，赋诗《自堂邑移政博平权县事》，表达对新任命的感受：

吾邑堪藏拙，胡为又此临？
四知民过誉，三语吏惊心。
越俎惭非据，操刀愧不任。
幽怀谁与语，风竹有清音。

诗中说自己才能有限，做堂邑县尹本可以掩藏自身的拙劣，为何朝廷还要让自己到博平权县事呢？民众说自己为官清廉，那是过高的赞誉。以自身的才能权博平县事是越俎代庖，无由胜任，恐怕做不出什么成绩而愧对朝廷的信任。但是自己也不会庸庸碌碌，无所作为，一定保持自己的操守，努力做到不负众望，不辜负朝廷的重托。诗作含蓄蕴藉，抒发出张养浩的胸怀与抱负。

然而就在这时，朝廷政坛风云突变。大德十一年（1307）正月，元成宗去世。他唯一的儿子德寿却有德无寿，大德九年（1305）被立为皇太子，半年后即病死。储位虚悬，元朝统治集团内部发生争夺皇位的激烈冲突。中书右丞相哈剌哈孙等支持成宗的侄子怀宁王海山为帝，中书左丞相阿忽台等人却想拥立成宗的堂弟安西王阿难答继位。当时海山正统领大军防御元朝北部边境，一时回不了京城，而安西王阿难答却身在大都。情急之下，哈剌哈孙一面派人急催海山回都，一面派人去怀州（今河南沁阳）迎海山的弟弟爱育黎拔力八达入京。因为爱育黎拔力八达距京城近，故先到大都，抢在安西王阿难答踌躇不定之时发动军事行动，将阿难答等人逮捕囚禁，后处决。爱育黎拔力八达以监国名义执掌大权，后迎海山入京即帝位，是为元武宗，爱育黎拔力八达被立为"皇太子"。

皇位的更迭，也直接导致元朝廷群臣队伍的又一次大换血。随着一批官员遭屠戮、被放逐、被解职，朝廷亟需擢用一批新的官员来补充空缺。正是在这一背景下，张养浩被征召入京，于武宗至大元年（1308）先被任命为辅佐"皇太子"的宫师府文学，寻进司经宫府，继拜监察御史，开始了长达10余年的京官生涯。

JINAN 济南故事

第四章

直言敢谏真诤臣

水惟曲折海能通，指事直言未必功。

尝爱左师开赵后，雍容宫殿满春风。

张养浩于至治初年辞官归居济南后，在云庄家中读史时有感而发，付诸笔端，遂赋成"咏史诗"40余首，借史咏怀，以明心志。这首诗是此组咏史诗之一，题为《左师触龙》。

触龙说赵太后

触龙是战国时期赵国的著名政治家。据《战国策·赵策》记载，公元前265年赵国君主赵惠文王去世后，他的儿子孝成王继位。当时孝成王只有14岁，由赵太后掌实权。就在赵国政权更替之时，秦国趁机发兵大举攻赵，连拔三城，赵国形势危急，赵国朝中有人提出只有联齐抗秦，才是救赵上策。于是赵国派使臣求救于齐，齐国则提出以赵太后的幼子长安君为人质作为出兵救援的条件。赵太后因溺爱儿子执意不肯，大臣们屡言强谏，赵太后就是不答应，形成僵局。这时左师触龙入宫面见太后，他因势利导，用拉家常的方式告诉赵太后，家长对子女真正的爱，应是为他们的长远利益着想，让其经受锻炼，为国立功。赵太后最终醒悟，欣然同意派长安君出质于齐，遂得齐国援助，这才解了秦兵之围。张养浩此诗盛赞触龙的善于进谏，也肯定赵太后的纳谏胸怀。但意在言外，此诗却是针对现实而发。张养浩希望元朝君臣也能像历代先贤那样，勇于纳谏，积极进谏，期待清明政治如春风雨露，洒满天下。

在张养浩前后30余年的仕宦生涯中，先后担任过御史台令史、监察御史、陕西行台御史中丞等监察之职。他敢于直言进谏、疾恶如仇、知无不言、言无顾忌的担当品格，深得时人称赏。

身履谏职进诤言

大德十一年（1307）正月，在位13年的元成宗在大都皇宫玉德殿去世，享年42岁。成宗本来有个独生子名德寿，却无奈在被立为皇太子后不到半年就病死了。德寿德寿，寿既不永，何从言德。朝廷重臣以成宗死后无嗣，拥立成宗的侄子海山即位于上都，做了忽必烈建立大元王朝后的第三任皇帝，是为武宗，改元"至大"，海山的同母胞弟爱育黎拔力八达被册立为"皇太子"。

皇弟被立为"皇太子"，是元朝实行的特殊皇位继承制度。海山即位后，爱育黎拔力八达受皇太子之宝，约定兄终弟及，叔侄相传。

这年秋天，先出任堂邑县尹，继又权理博平县事的张养浩被征召入京，被任命为东宫官员宫师府文学，但还没上任就又改任为司经。由于一是重返京城为官，二是所任职务是宫师府司经，主要是伴侍"皇太子"爱育黎拔力八达读读书、写写文章，张养浩的心情自然是放松洒脱的。但他的好心情没能持续多久，到这年年底，他就改任御史台监察御史，开始其谏职生涯。

武宗前后在位不足4年，朝廷政治基本上是成宗时期的延续，面临的是一个貌似强大安定、实则弊端丛生的政治局面。由于成宗在位时秉承元世祖时期的"成宪"，以"持盈守成"为基本国策，为政强调宽宥"惟和"，垂拱而治，致使官僚机构急速膨胀，冗员冗费严重，行政效率低下，贪污腐败等各种弊端日渐凸显。同时元王朝的金融体系也产生了越来越多的问题，市场上流通的至元钞大幅贬值，物价飞

元武宗画像　选自清人绘《历代帝王真像》

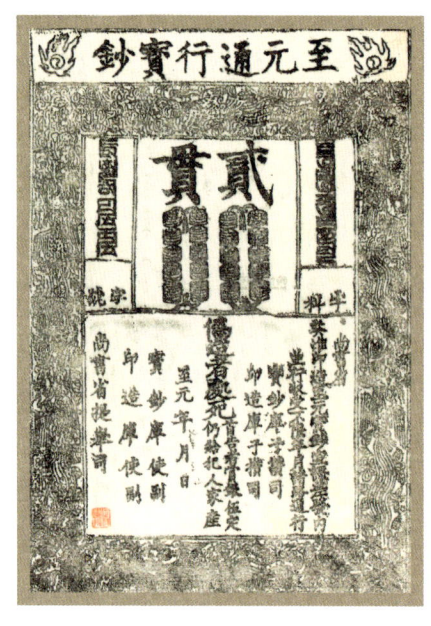

至元通行宝钞

涨，通货膨胀，严重影响着政府的财政收入。

对此，张养浩看在眼里，急在心上。他初任御史台令史时，就以敬业勤奋、公正无私的品质获得平章政事兼御史中丞不忽木的赏识，称赞他为"真台掾"。如今身膺"批龙鳞、犯雷霆"的监察御史之职，张养浩更感责任重大。

此时与张养浩同时受命担任监察御史的，还有河中人郭思贞。郭思贞字干卿，是由中书右司员外郎调任御史台的。在此之前，张养浩虽与郭思贞早就认识，有过接触，但相互了解并不多。随着同台为官，共事宪府，两人交往日深，彼此情投意合，互相劝勉，尽心履职。

但鉴于此时政治环境险恶，每当有政事要奏谏时，两人还是预先就所奏之事充分讨论，共商利弊。两人为政处事各有所长：张养浩公正无私，敢于仗义执言；郭思贞则心思缜密，谋划深远。于是两人凡有合作进谏，皆能做到有的放矢，有案可稽。对重大事项，两人联衔奏明，共同担责，都能引起朝廷重视。每当得罪权臣贵要，或冒犯皇帝，使两人身处险境时，两人互为声援，进而化危为安、化险为夷。

西台上疏照丹心

武宗自少生活在漠北地区，草原情节尤为深厚。他即皇帝位后，继续原有的"两都巡幸"制度，每年早早就移驾上都，在上都临朝听政。张养浩身为御史台官员，常奉旨随伴。在赴上都途经龙门（禹门口，位于今山西河津西北，为黄河晋陕峡谷的南端出口，以两岸峭壁对峙形如阙门，故名）时，张养浩为龙门一带波澜壮阔、气势雄浑的景象所打动，情不自禁地写下了《过龙门》的长诗。诗句中"山水何地无，雄浑独朔郡（名山胜水无处不有，然而只有北方的山水才能给人以雄伟、浑厚的感觉）。吾元此开基，德泽被余润（元王朝在这一地区开创帝王基业，泽被后世诸代）。我来自神京，一路翠无尽（我从大都而来，沿途景色翠绿无比，令人陶醉）。大峰俨宸居，小峰翼趋进（高大的山峰俨然朝廷的宫殿雄伟庄严，而那些小山像群臣朝君似的翼趋而进）"表达了他对祖国奇伟山河的赞叹之情，情感真切，写景如生，极富感染力。张养浩此后再经过此地的时候，又以豪放的笔调、质朴的语言，写下了《龙门》一诗：

> 四野天门锦翠屏，爱山直欲挟山行。
> 人生何必麒麟阁，大字龙门纪姓名。

诗作既赞扬了大禹造福万代的不朽功德，同时也抒发了自己建功立业的政治抱负。

武宗在位施政，加倍发挥了成宗时期的"溥从宽大""惟和惟新"的基本国策，而他的奢侈挥霍、挥金如土却远超成宗时期。为了争取蒙古贵族的支持，武宗对诸王勋戚滥赐封赏，加官晋爵，经他御笔赐官的前后就有近千人。忽必烈时期非嫡系子孙从不封一字王，而武宗晋封蒙古贵族一字王位者却多达十五六人，甚至将驸马也封为一字王。称国公、司徒、丞相者，更是相望于朝。连宫廷优伶舞伎、和尚道士也身授中枢政要职衔。加之兴建佛寺、治理运河、修建宫殿等，导致财政状况日益恶化，国库空竭，入不敷出。但钱从何来？武宗遂步元世祖后尘，采取重立尚书省理财的老套，企望以尚书省职掌财政，摆脱困境。大德十一年（1307）九月，武宗下诏议立尚书省经理财用，却因御史台官员持异议甚力，未能实行。

这期间，张养浩以匡时济世、大义凛然、责无旁贷的浩然正气，写下了

《西台上王者无私疏》的奏章，不怕冒渎皇帝威严，毅然奏明朝廷。他以"名爵赏罚，天下之公器"的明确态度，反对朝廷"赏罚无度""耗竭公储"。他认为，朝廷应坚持赏无所私、罚无所私的执政原则，来治国理政。唯有至公无私，方能彰显朝廷圣明，垂拱无为而天下大治。同时他与台内诸臣一道，站在反对设立尚书省理财的斗争前列。

《西台上王者无私疏》载《张文忠公文集》

随着国家财政状况的日益恶化，各地物价急速上涨，物重钞轻，钞法大坏，通货膨胀日益严峻，中书省臣一次次惊呼"廪藏空虚"。为摆脱日益严重的财政危局，武宗遂不顾众臣反对，于至大二年（1309）八月特批设立尚书省，铸尚书省印，由尚书省自己任命官属，进行财政改革。

执掌尚书省事的"言利之臣"脱虎脱、三宝奴、乐实等一班人实施的所谓"理财"新政，其实也没有什么新的花样，只是通过大量印制货币以增加国库收入而已。这年九月，脱虎脱等人变更钞法，罢废至元钞，新造"至大银钞"颁行全国。还在京城及山东等六大行省设立名为"泉货监"的专门机构，以管理金融事宜，铸造此前从未使用过的铜钱"大元通宝"和"至大通宝"，通行于市，下令与"历代铜钱相参通用"。此举不仅使银钞大为贬值，而且直接导致金融市场体系加速崩坏，财政赤字创元朝建立以来新纪录，被人讥讽为"叮

至大通宝钱

叮当当,怎一个乱字了得"。

除依靠大量印制钱币来增加收入外,尚书省还新定课税法,向民众征收各色苛捐杂税,企图通过增加税收来解决财政困境。为增加税收收入,朝廷还下令以征税多少作为考核税务官员政绩、评定等级的标准,规定税科增收九分者为"最",不到三分者列为"殿",分别予以上酬、中酬、下酬的待遇。这种以新增课税、鼓励多收税的办法来化解财政危机,无异于饮鸩止渴。对此,张养浩再次上书朝廷,直斥尚书省的做法是"变法乱政,将祸天下"。

至大二年(1309)冬天,按照世祖时期确立的制度,皇帝应亲率朝臣在大都城南举行南郊大祀,以祭奠昊天上帝和后土地祇诸神。然而武宗却以身体有病为由,没有亲自主持大典,而是派一位大臣代理主持祭祀仪式。孰料,在典礼进行中,刚刚还晴朗温和的天气却骤变,狂风大作,强风裹着严寒转瞬而至,在场的人没有防备,竟有年老体弱者因此被冻死。在今天看来,这种极端天气应该是一股强劲寒流不期而至,但当时却被人解释为天象示警,老天爷发怒惩戒众生。张养浩当场对执政大臣说:"代祀非人,故天示之变。"他的话引起了宰臣们的极大不满。

因为御史台官员极力反对设立尚书省,又不断抨击尚书省一班人变乱钞法、增课敛财等"理财"新政,使执掌尚书省大政的权臣脱虎脱等人把御史台视为眼中钉、肉中刺。他们进谗言于武宗,要把选用御史台官员的人事权交给尚书省。

得知此消息后,张养浩上书朝廷,坚决反对由尚书省来执掌御史台的用人之权。他举例说,朝廷设置县尉之职,是令其职掌一县治安、捕捉盗贼的,纵使任用的人不称职,但也绝不可能让盗贼来决定县尉人选。

不避斧钺言时政

张养浩出以公心,屡次进言,结果却犹如石沉大海。张养浩心情备受压抑,感到前途渺茫,心灰意冷,无所适从。他在《上都察院》的诗中就描述了此时的心境：

> 柏台人散坐堆豗，默记滦江四往回。
> 发为鹰冠容易雪，心因蜗角等闲灰。
> 惭无元素回天策，空负坡仙酹月杯。
> 两处飘零家万里，乱山遮断白云堆。

诗中大意是说在上都察院的日子，过得懒散无味，终日操劳，不觉白发满头，眼见权臣横恣而自己无回天之力，不免心灰意冷。诗作意境饱含幽愤悲伤，有一唱三叹之感。他这时写的另一首诗《客中除夕》，则更直接流露出对仕途险恶、事业无成的深深感慨：

> 野性峣峣不耐官，强颜尘土步邯郸。
> 移文久为云山笑，捧檄聊供菽水欢。
> 香返梅魂春一脉，愁丛灯影夜千端。
> 古人事业余何有？羞见茅斋岁又阑。

上都遗址照

張文忠公文集卷第十一
書
時政書庚戌年上
奉政大夫監察御史臣某謹齋沐信宿昧死奉
書
皇帝陛下伏聞御史言官也人君深居九重
耳目有不及者設監察御史言之是知御史者
寔朝廷耳目人主所倚以爲聰明者也伏自
世祖皇帝立御史臺迨今五十餘年矣昔阿含
馬飾奸亂政臺諫不言爲盜殺之桑哥罔上酷
下迨其誅滅
世祖皇帝震怒臺臣不先事而言幾至危殆是
知國家未嘗負言官而言官則有負國家者矣
况
陛下方總群策以收太平之功責言於人而以
言責之萬不如是政使或爾死自其職又可避
乎臣自承乏言官常欲披肝瀝膽具白當世之
務以父年耄懼章成復毀者至于再三儻朝廷
憐其居職不能不言之心少賜清閒使竟其說
或誅或竄止於臣身則受辱之日皆感恩之年

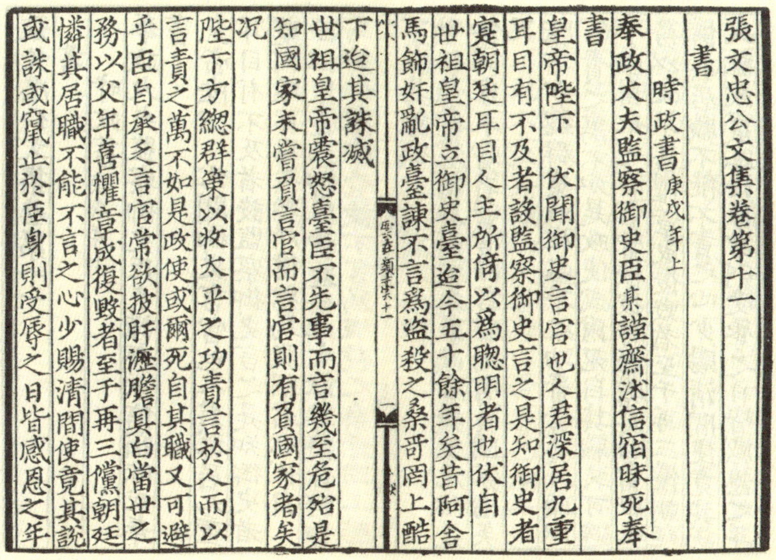

《时政书》书影

但是张养浩并没有因此而消沉下去。至大三年（1310）九月，面对朝廷政局的日益混乱，身负言官劝谏的责任感，怀着为国为民的使命感，他毅然抉择，不避斧钺之虞，把酝酿已久、反复斟酌、洋洋洒洒万余言的《时政书》进呈给武宗。在《时政书》中，他披肝沥胆具白当世之务，表达对时局的担忧，提出力革时弊的系统主张。

为引起朝廷的重视与关注，张养浩在《时政书》中，首先列举了世祖时期与当下政局的巨大差异；接着又列举了执政大臣奸谋诡计、谬论诈忠以荧惑朝廷，以欺天罔人、口是心非、翻手为云、覆手为雨所造成的沉疴之疾。为此，他申明自己敢冒雷霆之威，不避一身之祸而进言，就是上为列圣惜，下为百姓忧，直揭朝政疮疤，目的就在于期望朝廷能传承祖宗之彝宪，重质朴，轻浮华；薄巧言，敦实行；务守成，重改作，以成天下图治之美意。然后在《时政书》中，张养浩重点列举了蠹政害民尤甚的十大弊端。

一是朝廷赏赐太过奢侈。武宗即位之后，便在宫中宴乐7天，大慷国家之慨，把国库中储藏的绫罗绸缎，尽数赏赐给近亲宗王贵戚和支持他做皇帝的蒙古贵族。还在宫殿中撒下无数大粒的珍珠、宝石，类似天上星宿布满一般，让殿下臣属任意拾取。排场之奢侈，骇人眼目。对此，张养浩认为，国家制定爵赏之制，是为了奖赏有功，昭明有德，砥砺群情，干事创业。功有大小，赏有重轻，德有厚薄，爵有高下。若认为某人可得爵赏，虽是自己的仇人也毫不吝啬；若认为不可赏，就是自己的亲人也不能随意授受。张养浩在上书中说，朝廷用来赏赐的资财，其实都是老百姓殚精竭力奉献上来的，是朝廷俭省节用、铢累寸积储备起来的，是为了供祭祀天地百神所用，以成朝聘享俯之礼，也是为了边陲征戍之需，以备年岁凶荒之变。为此张养浩引用《易经》中的话，劝诫朝廷要"节以制度，不伤财，不害民"。他还引用《论语》中的话，要朝廷"节用而爱人"。

二是刑罚禁令太过宽松。武宗继位后的3年之中，为显示皇恩浩荡，连年下赦免令。至大元年（1308）正月下诏处理关押的贪官污吏，仅以追赃革职了事。孰料有些罪囚被赦放出狱之后，大者仇害事主，小者再去掠夺百姓。有的则是朝蒙恩赦而夕又被抓，且出囚禁而暮去杀掠。张养浩认为这都是刑罚太轻的缘故，致使人无畏惧之心。为官者无所惧怕，一旦罪行暴露就设法逃匿；为民者不惧惩戒，就愈益无法无天。张养浩提出，须申严法令，严格执法，才能收到令行禁止之效。

二是名位爵赏太滥。武宗即位后，为笼络人心，大加赏赐，财力不支，就只好用滥封爵赏的办法予以弥补。为朝廷演唱的戏子、供应朝廷的屠户商贩、为朝廷念佛布道的僧道，有授予左丞、平章、参政等官衔者。其他因修造而晋官秩者，以技艺而得爵位者，号称国公、司徒、丞相者，相望于朝。有一个小太监李邦宁，就因善于阿谀奉承，竟被封为大司徒兼左丞相。这是何等荒谬！而且，武宗肆意增设官职，根本不经中书省走程序，随意对亲随封官晋爵，致使吏治大坏。对此张养浩认为，若是不分臧否劳逸，只凭朝廷好恶，就给予极品之贵，这就使官位名爵失去激励劝进的功效。张养浩以人穿衣服为例说，之所以人们认为穿狐白凤锦的衣服高贵，是因为穿的人少；若人人都穿狐白凤锦，则穿狐白凤锦就与服粗布毛衣没有多大差别。他认为，官位名爵赏赐与否，实与朝纲张弛、人情离合、国体强弱紧密联系在一起。为此，他提出朝廷应严格爵赏之制，对那些勤慎尽职、立有战功的官员，该赏则赏，该晋升的就晋升；而对那些通过贿赂、买卖、请谒得来的官职，应命令有司严加审核，按制度予以罢黜。

四是朝廷纲纪太过软弱。张养浩认为，国家之有台宪，犹如边陲有御兵。虽敌人远遁，而反侧之患不可不防。虽奸党敛踪，而专擅之谋不可不察。他指出："御史台乃国家耳目所在。""省有宰执，为朝廷股肱；台有言官，为朝廷耳目。"这就好比一个人，必先耳聪目明，然后才能运用股肱。若耳目有所蒙蔽，股肱焉能运动自如？做君主的与为宰相的也是这样的关系。君主要想保全宰相，则莫若精选言官。因此，张养浩反对尚书省剥夺台宪之权，坚决维护台宪言官的责权利益。

五是朝廷大兴土木超过限度。武宗即位以后，不顾各地蝗旱之灾、十室九空的社会现实，却大兴土木，创城中都，崇建佛寺，为勋贵高官修建宅第，以致外有佛寺增修之扰，内有宫观展造之劳。张养浩认为，土木之役，只能相时而举，度力而行，可则兴，否则辍。

六是朝廷颁发号令太过轻浮。张养浩认为，治国理政，令行禁止，最重要的是应严号令。而现在朝廷用人，不察其行，不求诸公，随意黜调，有若弈棋。立法举事，莫不如此。张养浩认为，导致这种情况的原因就在于执政之臣心胸狭窄，刚愎自用，恃宠自大，不谙人情，不审时势，不明事理，而急求于迎合之私，牵掣于好恶之过，拘泥于闻见之迂，所以轻率无谋，而徒为纷扰。张养浩指出，要做到下情上达、上泽下布，必须广询利弊、详究可否、慎重出令。

七是奸邪佞幸者太多。张养浩指出，今国家制度宽松，诸王宗室皆有生人、杀人、进退人之权。历来庆赏刑威皆出于朝廷，如今情况全变了，则飞扬跋扈之势成，要想制止纠正，恐非一日之功。为此他建议说："伏望朝廷自今

考古出土的元上都宫殿汉白玉螭首（现收藏于内蒙古博物院）

待宗藩以恩而济之以义，遇群臣以礼而辅之以严。凡一切鄙俚之谈、隐微之请，并赐禁绝。庶使尊卑之分明，而政柄归乎一矣。"

八是社会风气太侈靡。张养浩认为，风俗乃国家元气，风俗厚薄关系国之安危。风俗厚则元气盛，而享国之日长久；风俗薄则元气衰，而享国之日就难以预料。治理天下简易之道，无过于风教之倡。他强调以上率下、率先垂范的示范作用。他引用《论语》中的话说："其身正，不令而行。"又引孟子的话说："贤者以其昭昭，使人昭昭。今以其昏昏，使人昭昭。"假如朝廷有志于移风易俗，可以确信是不难做到的事。

九是宗教异端太骄横。武宗笃信佛教。他即位后，大事兴建兴圣宫，动用大量僧侣为之念佛祈福；下令征调兵士、民工兴建五台山佛寺；在大都城南建造寺庙，令大批喇嘛翻译佛经以便诵读，为此耗费大量财力物力。张养浩建议，宜谕旨有司，凡天下有夫有室的僧尼道士女冠之流，自今并勒为民。

十是朝廷任命宰相太随意，应慎选宰相。武宗即位后，用人命官太过随意。表面上说是听其言，观其行，实际却似是而非，失于辨别与深察。所用脱虎脱、三宝奴、乐实等人，日后证明都是奸佞小人。张养浩指出，宰相之职，治国理政，表率百僚，是国之柱石、民之冠冕。宰相贤愚与否，实则关系天下治乱安危。历史上，凡是天下大治、社会安定、经济发展、政熙民和之时，必然是朝廷命相得人所致。凡是纲纪败坏、小人得志、民生凋敝、政治混乱之时，必是选相不得人所致。用人得当与否，实则关系天下之治理，应慎重其选。张养浩认为，任命宰相，应该上合天意下顺民心。他期望朝廷自今凡是有大的任命，应当由群臣参与决策，唯人是论，唯贤所用。而不能仅凭君主的好恶、憎爱而随意决定。如此，才能使庙堂无冒进之嫌，人主无偏听之失，行公道，行正道，而使政令畅通。

在上书中，张养浩殷切盼望朝廷能见之明、守之固、行之必，事祖宗以孝，遇臣下以仁，怀生民以惠，其锋芒所向，上至皇亲国戚、达官权贵，下至淫僧邪巫、簧鼓流俗，针砭入微，直揭脓疮。

张养浩敢于说真话的铮铮铁骨，令人钦敬。由于张养浩在上书中毫无顾忌、毫不隐讳地直斥皇帝身边的奸臣，又坦率直爽地批评皇帝，字字句句戳中了当权者的痛处，引起了武宗及宰相脱虎脱等人的不满。

武宗及尚书省一班人碍于张养浩的言官身份，只能先借故把他赶出御史台，调任翰林国史院任翰林待制，再以莫须有的罪名将其罢免闲居。武宗还专门下了一道谕旨，明令省、台永远不得复用张养浩。即便如此，脱虎脱等人还不解恨，他们密谋搜集张养浩任职期间的所言所行，欲构陷罗织新的罪名，治张养浩以死罪。

面对执政者的无情追击与迫害，张养浩的同事们都替他捏了一把汗，暗地里为他通

元代汉白玉雕龙角柱

风报信，催促并协助他赶快逃离京城以避祸。张养浩只好脱下官服，换上便装，变易名姓，躲过盘查，混出城门匆忙逃遁而去。

据说他是连夜马不停蹄地南下躲藏到了沂蒙山区，也有人说他南下到了闽广一带，是待风声稍息后才回到济南的。而留在京城的张养浩好友，每每路过张养浩在京城那人去屋空的旧居时，都不敢正视一眼，生怕因为与张养浩同台共过事，或因曾对张养浩表示过支持与同情，被牵连进去，遭受同样的报复与打击。

张养浩被罢官逃出大都两个多月后的至大四年（1311）正月，酒色过度的元武宗病死了，时年31岁。因为有"兄终弟及"的约定，武宗死后，"皇太子"爱育黎拔力八达即皇帝位，是为元仁宗。

仁宗是元代皇帝中比较有作为的一个。他即皇帝位后，顺应人心，罢废尚书省，以"变乱旧章，流毒百姓"的罪名，将脱虎脱、三宝奴等逮捕处死，罢止修建中都的浩大工程，罢止数处专供皇室御用的宫室营造，罢止江南大量印雕佛经，罢止专买专卖浙盐，禁止寺庙侵夺冒占民田，废止至大银钞和至大银钱……这些为张养浩的复出打下了基础，给他的仕途带来"柳暗花明"的转机。

JINAN 济南故事

第五章

主持科举揽人才

元仁宗画像　选自清人绘《历代帝王真像》

在元代帝王中，元仁宗爱育黎拔力八达对儒家思想、汉族儒士情有独钟，他曾论儒、佛、道三家精神说："明心见性，佛教为深；修身治国，儒道为切。"元仁宗能有这样的思想和认识，是因为他长期生活在汉地，受到儒学的熏陶与儒家思想的教育。

早在元成宗时期，成宗皇后卜鲁罕居中用事。她出于私心，在成宗立其偏爱的儿子德寿（其实德寿不是她亲生，德寿的亲生母亲是成宗的第一个皇后失怜答里。失怜答里福薄不幸早死，德寿也在被立为皇太子半年后夭亡）为皇太子之时，生怕成宗哥哥的两个儿子海山和爱育黎拔力八达威胁德寿的皇位继承，于是借故把海山外放到远离大都的漠北边疆，把爱育黎拔力八达与其母一起贬出大都居于怀州（今河南沁阳）。谁也没有料到，海山与爱育黎拔力八达兄弟两个在成宗死后，却先后登上帝位，一为元武宗，一为元仁宗。

复官任职中书省

爱育黎拔力八达与海山兄弟俩，曾同以汉族名儒李孟为师，接受儒学教育。爱育黎拔力八达被册立为皇太子之后，著名汉族学者姚燧、萧𣂏、商琦等人又先后为东宫官员。他们尽心尽力辅佐爱育黎拔力八达。等到爱育黎拔力八达即帝位后，中书省执政大臣中就有当时知名儒臣李孟、李谦、尚文、萧𣂏、王思廉、程钜夫等人，成为影响朝廷决策的主要人物，是仁宗施政的主要商讨者和执行者。正是在这样的政治背景下，罢官家居的张养浩在仁宗即位之初，即被起复入京,召任为中书省右司都事。

张养浩接到任命,向亲人辞行。离别故乡总不免令张养浩心绪惆怅,依依难别。他赴任前所赋《留别乡里诸友》一诗,表达的就是这种依恋不舍的心情:

> 粉署衔香十许年,故乡重到重留连。
> 子牟恋阙心空赤,江总还家鬓尚玄。
> 金缕歌残华鹊月,兰舟摇碎泺湖烟。
> 一襟离恨东州路,莫讶羸骖不肯前。

诗作流露出眷恋故乡、不愿再仕的心情。诗的颈联以"歌残华鹊月""摇碎泺湖烟",表现了一个"恋"字;尾联以"离恨东州路""羸骖不肯前",表现了一个"留"字。诗意相承与形式对比,隐约表露出张养浩去留不定的矛盾心情。但是,理智战胜情感,张养浩最后还是告别了故乡亲友,重返大都,走马上任中书省右司都事。

仁宗即位,罢尚书省。中书省仍为中枢行政决策机构,执掌朝廷大政。此时中书省下设右司和左司分管朝廷相关政务。张养浩所任右司都事主要掌管兵房、刑房、工房诸科行政事务,职责重要但头绪繁杂,常常要加班处理相关事务。

在一次值夜班时,身处宁静的夜晚,没有了白天人马禽鸟的喧扰,远望着屋外树荫下的长廊,回想起此前遭受的政治迫害与打击,张养浩一时难忍对故里的思念。尽管身处繁花簇拥、琼岛春阴的京城之地,但张养浩的内心仍不免空虚。面对眼前成

北京松堂民间雕刻博物馆收藏的元代宰相府门前《武士饮兽图》门墩

堆的文书，作为一介书生，张养浩唯有苦中作乐，遂赋诗《直省》一首：

> 翠荫长廊树影深，尘喧收尽鸟遗音。
> 古今吾道穷途恨，日夜家山故国心。
> 花簇凤池春欲合，云连仙岛昼常阴。
> 书生习气真堪笑，簿领如山尚苦吟。

诗作充满复官后痛定思痛的回忆，抒发"吾道穷途"之恨，流露出道不行而思退隐的心绪。

尽管宦海变幻难测，仕途荣辱无常，年仅壮岁而白发满头，但此时的张养浩再仕为官，还是暗下决心，欲不辱门楣，倾心为公，结交友朋，心态已超然于外。他在另一首《直省》诗中写道：

> 是非荣辱日相寻，壮岁何堪白发侵。
> 三釜若非亲有命，片帆应与世无心。
> 天公所靳惟清福，交友难逢是赏音。
> 何日超然遂初志，溪山佳处恣登临。

诗中表现了张养浩追求的是等到功德圆满之日，以遂初志，恣心放怀，畅游山水的一种闲逸情怀。

有一天，又是一个当值日，天下着小雨，长廊静，人声息。张养浩再提笔赋《直省》诗曰：

> 微风吹雨湿层阴，寂寂长廊静足音。
> 怒虎九关天日远，冥鸿一线海云深。
> 求田素有陈登志，作吏初非叔夜心。
> 说与饥鸢休吓我，掉头巢父正长吟。

诗中化用宋玉《招魂》"虎豹九关，啄害下人些"、扬雄《法言·问明》"鸿飞冥冥，弋人何篡"、《三国志》记刘备论陈登"豪气不除"、嵇康以

"不堪流俗"拒官等多个典故，表达自己的再次出仕完全是"忧国忘家，有救世之意"，而非为功名利禄，自己也绝不会以进退为萦怀，由此反衬那些"以小人之心度君子之腹"的倾轧者的丑态。

至大四年（1311）三月，仁宗在大都大明殿举行即位大礼，正式即皇帝位，次年改元皇庆。仁宗在位前后10年，而这10年也是张养浩仕宦生涯最为辉煌的时期。

相较于武宗时期，此时朝廷内外各种势力因暂时的利益一致而处于较平和的状态，社会也比较安定，加上有李孟、张珪等一班能臣辅佐，仁宗莅政后确实给人气象一新的感觉，史称"皇庆之治"。而仁宗也比较坚定地贯彻实行以儒治国的国策，大力招纳儒学之士为朝廷所用。正是在这一政治背景下，皇庆元年（1312），张养浩由中书省右司都事擢为翰林国史院翰林待制。第二年十月，复由翰林待制升为翰林直学士。次年仁宗再改元"延祐"，张养浩亦由翰林直学士，改任秘书少监。两年三迁，昭示着张养浩的仕途前景一片光明。

居位经筵进诤言

尽管得到提拔重用，但张养浩并没有因飞黄腾达而忘乎所以。就在皇庆元年（1312）秋天，大都宫廷中有棵梨树居然秋日开花，花朵雪白。梨花应在春天开放，现在看到"秋日梨花"，人们自然感到好奇，于是争相观看。其实，梨树反季节开

梨花盛开

花,是一种病态现象,原因大概是春季梨树叶被虫害食尽,到秋天气温如春时,梨树重生嫩芽新叶而开花。张养浩也前往观赏。他睹物思人,浮想联翩,挥笔写就《秋日梨花》一诗:

> 雪香吹尽树头春,谁遣西风为返魂。
> 月影已非前日梦,雨容独带旧时痕。
> 只知秋色千林老,争信阳和一脉存。
> 莫讶殷韩太多事,仙家原不计寒暄。

此诗形式上是歌咏梨花秋开,内容却是一首咏物寄情诗。诗中寓意张养浩在经历一番政治风雨的吹打后,仍会不屈不挠,再接再厉,像秋日梨花一样,绽放出光彩的花朵,飘溢出袭人的芳香。

张养浩在任职国史翰林院期间,仍一如既往地就朝政建言献策,其中最重要的上书是进谏仁宗皇帝的《经筵余旨》。

在这篇奏疏中,张养浩以"尽为臣之心"的殷切心情,从效法"尧舜之道"的高度,就君道、君德、君体、君威、君治等"为君之道"做了详细阐述。他指出,刚健笃实,辉光日新,为人君之德。天之道,就是君之道。天道无私,人君亦应无私。唯简唯静,为人君之体。不杀谏臣以振作台谏敢言之气,此为天子之威。人君致治之要有三:一曰宰相得人,二曰台谏得人,三曰左右侍从得人。希望朝廷大力鼓励进谏,弘扬正气,营造风清气正的政治环境。

张养浩的上书,忠言逆耳,言真意切,为仁宗所嘉纳。

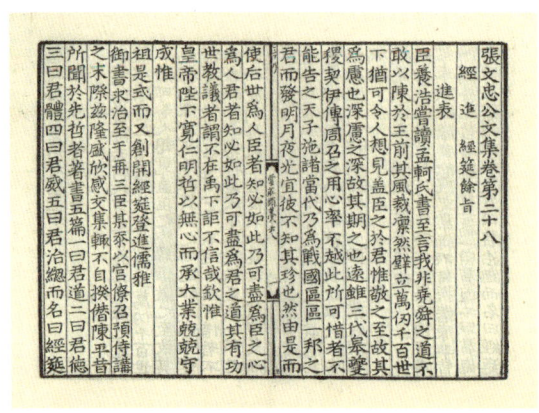

《经筵余旨》书影

为国选材秉公心

相较于元代其他皇帝,仁宗算得上是一位"兢兢守成,惟祖是式"的帝王。仁宗即位后,重用儒臣,重视学校教育,重视人才选拔。又开创经筵之制,进用儒雅之士。为了整顿吏治,改革由吏入仕制度带来的弊端,仁宗与身边大臣反复讨论"求贤取士,何法为上"的问题。他采纳李孟的建议,下令广纳汉族儒士。他又采取措施助学兴教,把国子监生员名额由120人增加为300人。最重要的是他采纳李孟科举选人的建议,决意恢复科举制。

皇庆二年(1313)十一月,仁宗下令颁布《行科举诏》,阐明科举选人的重要意义,确定了乡试、会试、御试三级考试之制,并就三级考试的考试期限、考试程式、考试内容和录取标准等做了原则规定。仁宗命中书省参酌古今之制,就乡试、会试、御试制定了具体的考试程式,包括确立考试地点、考试时间、考试内容、考试组织形式、监考官的选用、考场纪律、考试作弊处罚以及确定蒙古人、色目人、汉人、南人不同的录取名额等,明文下达各省组织实施。

延祐二年(1315)二月,各省乡试合格的300名举人齐聚京城,参加会试与御试。仁宗任命张养浩好友元明善为礼部尚书,担纲领衔为会试考试官。张养浩德行高尚、才学过人,又大力支持恢复科举选人之制,被擢任为礼部侍郎知贡举,与元明善共同主持元朝首次科举考试。

在元明善、张养浩等人的精心组织下,会试在贡院、御试在翰林国史院顺利举行。张养浩作为儒学士子,亲身参与主持元朝首次科举考试,实在是难抑欣喜之情。他挥笔写就《贡院试笔》一诗,直抒胸怀:

> 斯道寥寥百许年,天开文运到吾元。
> 鉴衡别物宁容意,桃李成蹊不待言。
> 下笔园林惊落叶,得人麟凤瑞中原。
> 潜心为向朱衣道,莫使刘蕡李豸冤。

诗中把元朝举行的首次科举考试，视之为"文运复兴"的开端。考场上听到举子们奋笔疾书的飒飒声，联想到麟凤之选将有功于国，让人有说不出的兴奋。因此他希望手操考生命运之权的考官们都能出以公心，对举子们一碗水端平，客观公正地批卷取人，切莫使唐代刘蕡、宋代李豸参加科试蒙受冤屈的事情再次发生。

正因如此，张养浩亲自主持至关重要的阅卷环节。在阅卷现场，作为知贡举的张养浩居中而坐，其他阅卷官则相对而坐，共同审阅、评定经过弥封、誊录后的考生试卷，依据所定标准，把所有考卷分作三等，每等又分上、中、下，用墨笔批点。考校既定后，张养浩与同试官、监察御史、弥封官等一起，共同取原卷与阅卷一一对号开拆，张养浩则于试卷上亲自书写会试第几名字样，确定参加御试的名单。然后按照蒙古、色目考生与汉人、南人考生分作两榜，公布于中书省门左右。依据确定的考试条制，其实也是前代的做法，凡参加御试的合格举人不会再黜落不取，只是通过御试，作一篇千字以内的策论，区分一、二、三等，确立"天子门生"的名分而已。

这年的三月七日御试之后，参加御试的56人获赐进士及第、进士出身，

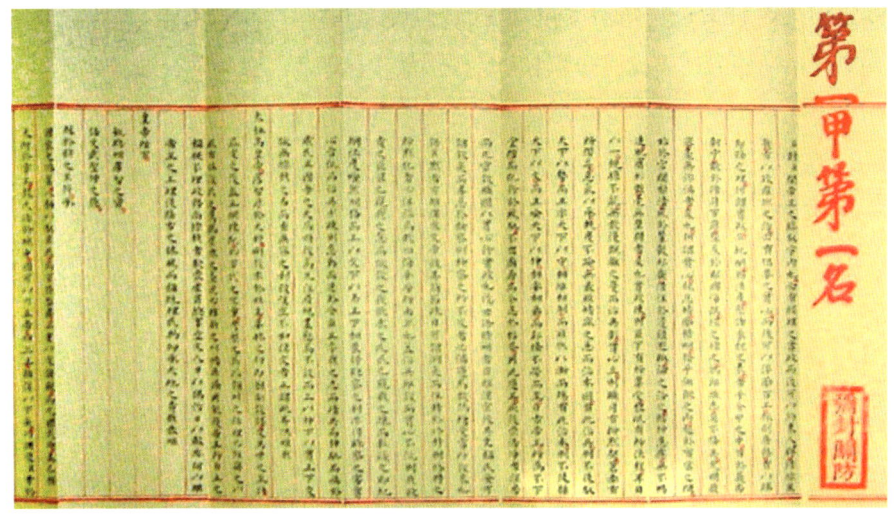

收藏于青州博物馆的明代赵秉忠状元卷

以皇榜张贴于宫廷内前门左右之墙，史称"延祐首榜"，也称"延祐首科"。其中右榜一甲第一名为护都答儿，左榜一甲第一名为张起岩。"延祐首科"的成功举行，使许多杰出人才脱颖而出。许多政治精英和文化名人就是这一榜选拔出来的。

张起岩撰书的墓碑拓片

其中，左榜状元张起岩，字梦臣，号华峰。其先世为章丘人，高祖张迪以元帅右监军权济南府事，徙家济南，遂为济南人。张起岩自幼好学，博学强记，年弱冠以察举为福山县学教谕，后摄行县事，迁安丘令。延祐初年他参加科举考试，中左榜进士第一名；进士及第后拟任同知登州事，奉仁宗特旨改任集贤院修撰，历升国子监丞、翰林待制，兼国史院编修官；泰定帝时，为监察御史，迁中书右司员外郎，进左司郎中兼经筵官，拜太子右赞善；文宗时为礼部尚书，转参议中书省事；顺帝时期，诏修辽、金、宋三史，以翰林学士承旨任史馆总裁官。张起岩历仕武宗、仁宗、英宗、泰定帝、顺帝诸朝，为官刚直廉洁，外和内刚，每临政议决，坚持原则，屹如泰山，不可回夺；又面如紫琼，美髯方颐，与他人争辩时，面颈通红，故朝廷之上，人所忌惮。张起岩平生博学有文，擅长篆隶书，为一代名臣。

其他进士中，感念张养浩知遇之恩的还有许多。如许有壬，字可用，汤阴（今河南安阳）人。他在中进士后，授任同知辽州事，与张养浩多有书信往来。张养浩对其劝勉有加。许有壬在后来的仕宦生涯中，受张养浩的感召之深多有表现。

按照科举制旧有之制，知贡举为座主，新进士就是他的门生。在延祐首科中，尽管张养浩呕心沥血，精心组织，为顺利完成考试做出了巨大贡献，但他不居功，不自傲，完全是出于公心为国选拔人才。当考试结束放榜后，新进士们在参加翰林国史院举行的"恩荣宴"、上表谢恩、赴孔庙行舍菜礼、诣中书参见之后，到张养浩府上拜谒谢师。张养浩却闭门不见。他只是写了一个小纸条，令门人交给等候在大门口的新进士。只见纸条上写着："诸公但思至公血诚以报国政，自不必谢仆，仆亦不敢受诸公之谢也。养浩覆。"短短30个字，展现的是张养浩一心为国的浩然正气。此帖被后人名之为《示初科诸进士免谢帖》。这成为元朝科举史上的一段佳话。清朝人就评价说，张养浩为笃行君子，朴直敢言，他的《示初科诸进士免谢帖》用意绝非为私，完全合乎古代大臣以身事君之道，可垂范万世。

限于名额，参加延祐首科的300名举子中，被录取的只有56人。落榜人数众多。这使爱才、选才心切的张养浩心里很不是滋味。他看到在落榜举子中，有人已是满头白发，这很可能是他们的最后一次应试。感慨其落第后的失魂落魄，张养浩又与李孟等人联名上奏，为落榜举子求情，要求破例赐予他们一定官品作为安抚，同时也是彰显朝廷科举选人用人的决心。没有想到，此议竟顺利地得到仁宗恩准。遂由中书省下令："下第举人年七十以上者，与从七品流官致仕；六十以上者，与教授；元有出身者，于应得资品上稍优加之；无出身者，与山长、学正。"诏命一出，皇恩浩荡，令落榜士子欢欣不已。张养浩闻听圣旨颁下，也难掩激动心情，挥笔写下了《诏五十以上未第者赐出身有差》一诗：

> 吾皇仁圣迈勋华，重为斯文掩颣瑕。
> 汉苑有林皆桂树，禹门无浪不桃花。
> 殊恩远绍千余载，和气旁延百万家。
> 比屋可封今起本，欢余不觉泪横斜。

延祐首科在元代科举史上留下了浓墨重彩的一笔。虽然录取人数有限，但其示范意义甚为鲜明。张养浩的为人为学也就更为仁宗所知所用。

"征舶泉南"不辱使命

在圆满完成首次科举考试重任后,深受仁宗信任的张养浩于延祐二年(1315)下半年,奉命以礼部侍郎身份"征舶泉南"。

所谓"征舶",是指元朝沿袭宋代旧制,在庆元(今浙江宁波)、广州、泉州等地设立负责管理海外贸易、征收商税的机构市舶提举司,选派朝廷高级官员监督市舶司事务。泉州市舶司初由福建行省兼管,后改派专职官员掌管。"征舶泉南"就是张养浩奉命前往泉州督办市舶司事务、征收"膳供之物"的一次特殊差遣。

此次南行,张养浩是从京城南下,先沿京杭运河至杭州,然后改由驿道经福州、兴化、建宁到达泉州,回途则是经黄州、武当至杭州,再走运河返回京城的,来往时间长达半年之久。往返途中,张养浩在各地停歇期间,常驻足观瞻沿途名胜古迹,写下了大量凭吊先贤、咏史抒怀、赞美祖国山河之美的诗赋文章以及乐府词曲。

张养浩途经高唐时,看到整修一新的东方朔庙,禁不住写下《过东方朔庙》一诗:

> 先生高识绝当时,谁道偷桃旧小儿。
> 揖让不逢三代盛,滑稽聊免一身危。
> 草荒汉构云承宇,苔蚀颜书雨涩碑。
> 我亦从来恶苛礼,斜阳遥望酹空卮。

诗作赞赏东方朔的为人风范、为文格调、处事奇智,表露出张养浩对东方朔的仰慕之情。

途经平原时,张养浩特去颜真卿庙观瞻,留下《过颜鲁公庙》一诗:

> 李唐失纪相非夫,竟遣忠良与祸俱。

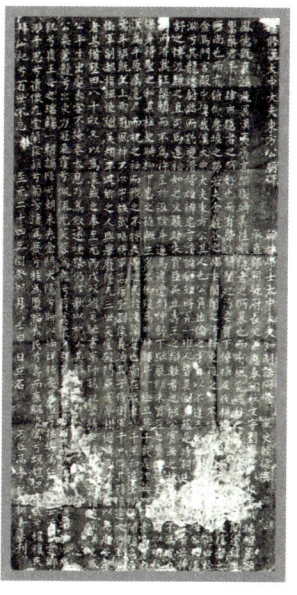

元代重修东方朔庙碑拓片

抗虏一身皆是胆，留名千古不因书。
极知老境桑榆近，争忍清时社稷孤。
下马荒祠访遗躅，北风吹树渺愁余。

诗中既有对颜真卿抗击安史叛军，为唐朝以身尽忠所表示的崇高敬意，也含有因祠庙荒废而心生悲凉之感。

张养浩行至济州任城（今山东济宁）时，又舍舟登岸，前往拜谒当地颇有名望的极真观，写下了《过发冠仙姑隐所》一诗：

抗尘自觉道无缘，何幸容参杖屦前。
春色九天归绛节，矞云一朵冠华颠。
驰神夜宴西王母，御气时寻姑射仙。
四海异人今日见，此行万里不徒然。

诗中所吟咏的发冠仙姑，本是肥城县的一位田姓农家女。她与同村的孙姓男子结婚后不久，却以无端罪名被夫家逐出家门，四处流浪，朝不保夕，有时一天仅以数枚大枣果腹。后来传说她有神授道术，屡试屡验，加上整年不洗不沐，头发长了盘旋于头顶高达尺余，遂以奇特发型被人称为"发冠仙姑"。其神力也愈传愈大，元世祖为此还召见她于京师。其崇拜者在任城西南修了一座极真观供其居住，发冠仙姑这才结束了漂泊不定的流浪生活，自号"洞春仙人"。张养浩前往极真观时，曾见到这位年已70多岁的"异人仙姑"。十几年后，85岁的仙姑去世，极真观也被朝廷赐额"极真万寿宫"，仙姑被封为"悟玄参化妙靖真人"。张养浩受仙姑

《敕赐极真万寿宫碑》书影

弟子之托，写了《敕赐极真万寿宫碑》的文章以纪此人此事。

张养浩在途经沛县时，前往瞻仰久负盛名的汉高祖原庙，赋有《过沛县高祖庙》一诗：

> 天厌秦苛欲世苏，赤龙从此入西都。
> 五年诸国破迎刃，四海一朝安覆盂。
> 山峙尚疑神剑在，云飞犹与大风俱。
> 不知万岁千秋后，魂魄端能到此无。

诗作追忆歌咏了汉高祖创建基业时叱咤风云的英雄气概。

与北方地区苍劲雄浑的社会风貌不同，江南水乡美景则给予张养浩不一样的感受。他途经镇江金山寺时，写下小令《双调·折桂令·过金山寺》：

长江浩浩西来，水面云山，山上楼台。山水相连，楼台相对，天与安排。诗句成风烟动色，酒杯倾天地忘怀。醉眼睁开，遥望蓬莱，一半儿云遮，一半儿烟霾。

曲作气魄宏大，张养浩运用夸张渲染之笔，以长江一泻万里之势，与金山楼阁相对奇崛而出，形成鲜明的意境对比，幽渺壮阔，如云中楼阁，有虚幻九天之感，充满浪漫主义气息。

张养浩的另一首《双调·水仙子·咏江南》更是极尽对江南秀美风光的描写：

一江烟水照晴岚，两岸人家接画檐。芰荷丛一段秋光淡，看沙鸥舞再三，卷香风十里珠帘。画船儿天边至，酒旗儿风外飐。爱杀江南！

张养浩在泉州并没有逗留太久，他处理完相关公务后，即返京复命。回京路上虽然与去时一样，但是他的创作热情丝毫不减，尤其是所写乐府诗竟有百首之多，遂结集为《江湖长短句》。他特别请对自己有知遇提携之恩的刘敏中为诗集题词，刘敏中遂为之写了序文《江湖长短句引》。刘敏中把《江湖长短句》视为传世之作，只可惜后来还是失传了。

再膺差遣监籴兴和

延祐四年（1317）春，张养浩复奉命以礼部侍郎身份赴兴和路（位于今内蒙古乌兰察布市东南部）"监籴"。所谓"监籴"，就是查看该路官员是否严格执行和籴制度，把官府应收购的粮食足额收缴上来，以备国家不时之需。身为礼部官员履职财政之任，进一步说明张养浩备受仁宗信任和重用。但是这次差遣，路途行进较之去年的南行更为艰辛，留给张养浩的印象也就更为深刻。正如他在《兴和道中》所描述的：

> 底事劳劳形与神，道途鞍马动经旬。
> 烟横绝涧疑无地，风响深林似有人。
> 早发举鞭挥雾露，夜行翘首认星辰。
> 何时却逐桑榆晚，爱杀坡仙此语真。

路途中张养浩所见所闻与江南大异，这里呈现出的是"细草和烟展翠茵，杂花匀簇道傍春；鸣禽旷野栖无树，破屋荒山住有人"的北国风光。虽然路途艰辛，但使命在身，他无怨无悔。

其实，张养浩到了兴和以后，有兴和路总管府治中张敬甫作为他的得力助手，去协助处理解决相关事务，倒也落得自在清闲。他在兴和住了3个月有余，居所幽静清寂，过的是悠闲而慵懒的日子。

张养浩任凭兴之所至，打发时日："或杖陟城堞，或骑游郊墟。或赏东邻花，或阅西家书。"有时"钩帘坐观雨，蒙蒙散如丝"，倒也非常惬意。儿子张强来信问安，表示想念，希望他早日忙完公事回家，张养浩即赋诗作为回信：

> 有客附书至，封识墨尚新。
> 展读笑良久，劝我归及辰。
> 我岂不汝怀，爱此泉石邻。

> 官事亦既简，又多素心人。
> 刘生书满家，杨叟酒味醇。
> 而况俱好客，有暇眉不颦。
> 缅思霄壤间，实与逆旅均。
> 焉往非寄寓，奚必家园亲。
> 置书桃笙底，且复乐我真。

令张养浩难以忘怀的是，他在兴和的这段时间解救了一位被拐卖多年的少年佟锁住。佟锁住是江西泰和人，聪明伶俐，机智勇敢。7岁时他与群儿在街巷中游戏时，为过路的一位骑马人劫掠北去，先被卖到兴和一家酒店做童工。酒店老板是个瞎了一只眼的人，几个月后，他又把佟锁住转卖到北边草原上的一个牧主家去放羊。牧主人让佟锁住改名察罕，给他一件皮衣，把2 000多只羊交给他去放牧，还警告他说："如果羊瘦了、伤了、丢失了，或者无缘无故死了，你都要受到惩罚。"牧场离住的地方有10多公里路远，佟锁住每次放牧常与其他放牧者相约同行，不然在茫茫草原上就会迷路，回不了家。佟锁住无时无刻不思念家乡亲人，但他不敢逃走，因为他听说做奴婢的若逃亡，被抓获后要用烙铁烫印。当他了解到与他一起牧羊的同伴也都是从中原被奸民辗转贩卖到这里的时候，才明白，原来背井离乡、与家中父母亲戚不通音讯、流落到异域为人奴婢的不止他一个。有一天，他的羊群在山坡下，突然受到来河边饮水的牛群冲击，羊群来不及躲避，被踩死十几只。想到难逃一顿毒打，佟锁住下定决心要逃离这里。他脱下皮衣丢在山上，以迷惑追寻他的人。逃亡路上他遇到一位朝廷使臣，便跪在使臣面前诉说自己的不幸经历。使臣很同情他，便带他回到兴和。酒店老板因贩卖人口被官府治罪，佟锁住则被安置到驿站中当驿卒。张养浩在驿站遇见佟锁住并了解其身世后，也非常同情其遭遇，于是就令有关部门下一道公文给沿途，供给佟锁住衣粮，护送他回到江西老家。为此，张养浩还写了《驿卒佟锁住传》一文，以广传其事，防止更多的儿童被拐卖。

张养浩完成监籴兴和的使命回京以后，被擢任为陕西行台治书侍御史。中书省宰臣以其任礼部不可缺，遂让他留任礼部侍郎。

汲引后进奖掖后学

按每三年举行一次科举考试的制度，延祐五年（1318）又是科举考试之年。为准备此次科考，仁宗谕令中书省拟定礼闱主考人选。省臣先奏以某人某官为礼部尚书，仁宗不同意，明确指示"须用读书人"。宰臣们经反复商量，提名已改任中书省右司郎中的张养浩，仁宗这才释然，说"正是此人"。于是张养浩被擢任礼部尚书知贡举，与已升任为中书左丞的元明善再次共同主持元朝历史上的第二次科举考试。

因为有第一次组织考试的经验和借鉴，延祐五年的第二次考试非常顺利。经礼部会试，再经御试，录取放榜，共选拔以忽都达儿、霍希贤为首的两榜进士50人。

张养浩大力支持科举制度的恢复，并两次受命知贡举，但他认为人才的选用不能局限于科试一途。这是因为他有了亲身主持科试的经历以后，反而对科举考试的弊端认识得更为清楚。元代科举规定考试经学，不用诗赋，以程朱理学为考试的统一标准；但实际上，考试内容中并没有完全废除诗赋。尤其是通过科举考试选用的人才只是万分之一，对整个官僚队伍建设作用有限。为此，当中书省台有人提出停废举茂才、荐岁贡等选人途径，"将令天下学者一归科举"时，张养浩力加反对，主张不拘一格，选用人才。他有诗句"对客不妨参玉版，诲人政要胜冰蓝"，就是运用《荀子·劝学》篇里"青取之于蓝而胜于蓝，冰水为之而寒于水"的典故，表明对青年学者的关心，帮助他们健康成长，希望他们超越前人，取得优异成绩。为此，他在汲引后进、奖掖后学方面更是不遗余力、身体力行。

大都人宋本、宋褧兄弟早年随入仕为官的父亲宋祯南下江南，游学杭州、武昌、江陵等地，拜师名儒，学业夙成，延祐六年（1319）回到京城，以文才名闻京师，时称"二宋"。张养浩看到他们的文章后，对其才学大为赏识，还让儿子张强跟随宋本学习。

因宋本这样的人才难得，张养浩把宋本的著述做了摘编，向吏部和中书省台大臣做了推举，希望宋本能"荐试馆阁之职"。孰料吏部官员以朝廷已实行科举考试为借口，拒绝张养浩的荐举。张养浩认为，朝廷用人本来就不拘于一途，选人用人应以才学为重。为此他先后三次以呈送公文的方式向吏部做出解释。但是，吏部始终不允。张养浩对此怒斥吏部官员墨守成规，泥古不化，一派官僚教条作风。宋本虽然未能通过荐举入仕，但他后来还是凭借自己的真才实学，参加了大都乡试夺魁，继参加会试、御试，皆获得第一名的好成绩，荣为左榜状元，初授翰林修撰，历擢监察御史、礼部郎中、吏部侍郎、礼部侍郎、礼部尚书、奎章阁学士院承制学士兼经筵、集贤直学士兼国子祭酒等职，足见张养浩当初的慧眼识才。

宋褧也曾得到张养浩、元明善等人的赏识与推荐，与宋本同样的原因遭吏部冷遇。宋褧与哥哥宋本一起参加了大都乡试，只是因为当年乡试解试名额的限制，宋褧未能赴礼部试。3年后，宋褧再考，得张养浩无私赠送考试资料，精心准备，一举成功，终获进士，初官秘书监校书郎，历擢翰林国史院编修官、翰林修撰、监察御史等职，拜翰林直学士兼经筵官。宋本、宋褧兄弟俩皆不失为一代名臣。

还有如大名府东明县（今山东东明）学子李好文，承其家学，诗文俱佳，以文学称名于时，为此也得到张养浩、元明善等人的赏识与大力推荐。李好文后来参加至治元年（1321）的科举考试，与宋本为同科进士，历官大名路浚州判官、翰林国史院编修、太常博士、国子监丞、国子祭酒、监察御史、陕西行台治书侍御史、太常礼仪院使、礼部尚书、参议中书省事等职。他任职太常博士时，主持编纂《大元太常集礼稿》一书；任职陕西行台治书侍御史时，主持编纂《长安志图》一书；任职礼部尚书时，参与《辽史》《金史》《宋史》三史的修撰；任职太常礼仪院使时，编纂《端本堂经训要义》一书。后来李好文以光禄大夫、河南行省平章政事致仕，仍以翰林学士承旨一品禄终其身，历仕英宗、泰定帝、明宗、文宗、宁宗、顺帝六朝，亦为一代名臣。张养浩以知人之明和执着于举荐贤才，被时人赞颂。

JINAN 济南故事

第六章

以诚交友相唱和

"于人诚信,于官清正。"这是张养浩结朋交友、为官莅政所坚守的基本原则。在张养浩亦宦亦文的生涯中,能从最初一个不入流的小学正,到最后擢为正二品的朝廷大员,除了他自身的不懈努力之外,前辈的提携、同僚的襄助以及后学的推动,都对他的成长进步有着深远的影响。

张养浩以诚待人、以文会友,结交了许多意气相投、志同道合的同事与朋友。这成为他为宦生涯中所收获的最宝贵的财富,也是后世论张养浩者所津津乐道的。

亦师亦友得提携

世祖至元二十九年(1292),张养浩由东平学正入京任为礼部令史,就得益于时任山东廉访副使陈英的推荐。之后两人虽有交往,但不常见面。大德十年(1306),陈英迁任甘肃行省参政,于至大元年(1308)在甘州(今甘肃张掖)城东门创建"闳壮崇丽,卓冠一方"的城门楼。当年十月城楼建成,陈英

《甘肃行省创建来远楼记》书影

派人入京，特意邀请翰林学士承旨姚燧题名为记。为慎重其事，姚燧委托书法大家昭文馆大学士李溥光书写了"来远"的楼名，又邀请张养浩为之作记。对恩师的邀请，张养浩推辞不过，只好应允，遂写下了题为《甘肃行省创建来远楼记》的记文，详记陈英在参政甘肃期间的政绩。延祐三年（1316），张养浩"征舶泉南"返京后，又遇见了已任云南诸路行省左丞、回乡省亲的陈英。两人相见，免不了互道想念之情。正因为视张养浩为知己，陈英特请他为陈氏先茔撰写碑铭。张养浩为此诚惶诚恐，认为当时"词臣林立"，陈英之所以请自己撰写碑铭，正是对自己的信任，也是两人深厚友谊的体现，为之撰写了《析津陈氏先茔碑铭》。此碑铭的传世，成为后世了解析津（今北京大兴）陈氏家族的重要史料。

在张养浩"辟掾礼部"之后的岁月中，正如张起岩在《文忠张公神道碑铭》中所说："一时名人，如缑山陈文靖公、牧庵姚文公、中庵刘文简公皆为知己。"

缑山陈文靖公即陈天祥，河南偃师人，为一代名臣。陈天祥去世后，其孙陈允中以"一代伟人当求一代名笔"，力请张养浩为其祖撰写了《资德大夫中书右丞议枢密院事陈公神道碑铭》。由此亦可见张、陈两家互为知己。

牧庵姚文公即姚燧，是张养浩倾心追慕学习的文学巨匠。姚燧（1238—1313），字端甫，号牧庵，洛阳人，是元代最具代表性的文章大家，被世人称为"元一代文章宗工"。

至元三十年（1293），张养浩在京师认识了时任翰林直学士的姚燧。姚燧虽比张养浩年长许多，但他深为张养浩的人品及学识所折服，故两人交往日多，结为亦师亦友的密切关系。张养浩亦时时登门拜谒求教，耳濡目染，收获颇多。

至大四年（1311），张养浩由翰林待制转任中书右司都事。姚燧这时任翰林学士承旨，被誉称为"翰长"。应张养浩之请，姚燧曾为之作《朝列大夫飞骑尉清河郡伯张君先墓碣》一文，文中除追记张氏先祖的贤德惠行，亦对张养浩的仕宦经历赞赏有加，字里行间无不展现出对张养浩的赏识。之后不久，姚燧因病辞官归隐，张养浩赋诗《送姚学士》相告别：

> 游目当今士，独公文柄操。
> 江空孤月白，天阔片云高。
> 班马知谁配，王杨笑尔劳。
> 盛名千载后，江汉日滔滔。

诗中称颂姚燧为文坛泰斗，赞之为滔滔江汉，把他比之为汉代司马迁、班固和初唐诗人王勃、杨炯式的人物；赞美姚燧像高悬的孤月、天上的片云一样高洁与超逸，像司马迁、班固一样光耀千古，像王勃、杨炯那样文名不朽，充分显示了张养浩对姚燧的敬仰之情。

皇庆二年（1313），姚燧卒于家中，张养浩又作《祭姚牧庵先生文》，对"可为将来之范而当世之师"的姚燧表示沉痛哀悼，对姚燧早早去世表示深深惋惜。张养浩在文中还对姚燧给予自己的悉心培育和大力提携表示衷心感激。泰定元年（1324），姚燧殁后11年，江西行省主持搜求姚燧传世著述，汇编为《牧庵姚文公集》，欲刻板印行于世，特派人到济南，请张养浩为姚燧文集作序。此时张养浩告归在家，对江西行省刊梓姚燧文集表示大力支持，在序文中对姚燧的人品和文品做了很高的评价。

在提携张养浩的前辈师友中，还有张起岩所说的"一时名人"中庵刘文简公，就是张养浩的同乡刘敏中。刘敏中（1243—1318），字端甫，号中庵，今章丘绣惠镇西皋村人，为一代名臣，在文学创作尤其是散曲创作上有着巨大成就，是元代著名的散曲

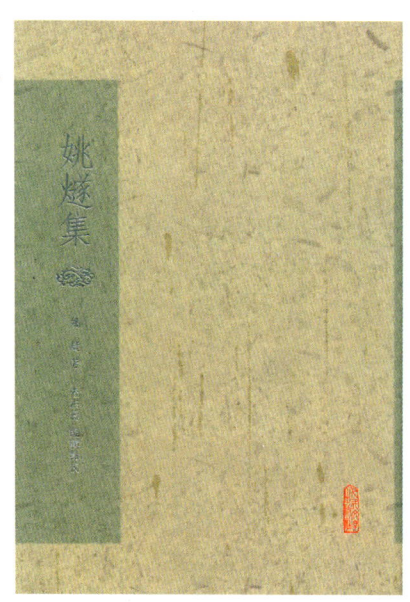

《姚燧集》书影

原序

皇元宅天下百許年,倡明古文,繼牧庵姚公一人而已。蓋常人之文多剽陳襲故,窘趣弗克振拔,惟公才驅氣駕,縱橫開闔,紀律惟意,其大畧如古勁將率市人戰彼。雖素不我習一號令之,則鼓行六合,所向風從無敵不北,雖路絕海嶽亦莫不迎銳而開,循度平衍視彼選兵而陣擇地而途,纔一再敵輒衰焉。且老者相萬矣。走年二十四見公于京師,時公直學士院,每有所述于醼酬後,岸然瞑坐,詞致砰隱,書者或不能供,章成則雄剛古

张养浩《牧庵姚文公文集序》书影

作家。他的文章曾得到当时著名文学家、戏曲家杜仁杰（今济南长清人）的热心指导和极力推崇。

张养浩初入京为礼部令史时，就得到刘敏中的勉励。刘敏中以诗作《送张希孟秀才赴礼部掾》二首相送。其一曰：

> 冥漠文章脉，来从太极先。
> 欲求宁有得，已绝岂无传。
> 廓廓英华表，悠悠土苴边。
> 爱君千里马，为赠绕朝鞭。

其二曰：

> 礼乐春官府，清时重选贤。

刘敏中送张养浩诗

飞翔从此地，昂耸看他年。

远器含余蕴，横波下众川。

古人忠孝事，耿耿要君全。

刘敏中鼓励张养浩要做一匹千里马，驰骋万里，尽忠报国，期待有年。

其实，刘敏中也是一位性情中人。大德九年（1305），任集贤学士的刘敏中上疏十事，得朝廷群臣推许。武宗即位后，召公卿大臣集议弭灾事宜。刘敏中复上疏陈请七事，极陈弊政改革。这些都给予张养浩不小的影响。张养浩出使江南时，作乐府百余篇，辑为《江湖长短句》，刘敏中专为之作序。张养浩能在散曲创作上取得巨大的成就，奠定其元曲大家的地位，可以说离不开前辈师友姚燧、刘敏中等人的引导、督促与激励。

志同道合共甘苦

张养浩入京后所结识的最具个性的一位朋友，就是为人处事豪放不羁的王宗兴。王宗兴，字友开，恩州（今山东武城）人，以"豪于诗酒"闻名。他是"吟必饮，饮必醉"，喝醉了还喜欢口无遮拦地发表一些对天下大事的议论，也不怕得罪权贵，被人称为"狂子"。王宗兴为人放任不羁，举止不自检束，加上脸漆黑，大嘴巴，络腮胡子，说话大呼小叫，常让人误认为他是一介武夫。其实，他是一位颇有成就的文学之士，只是有着借酒为文的癖好。张养浩就非常欣赏他的诗文。王宗兴时常约张养浩一起喝酒畅饮，酒酣耳热之时，必谈文论古，两人的见解多不谋而合。有时张养浩因在衙值班脱不开身，两人就会在衙门中对饮。或者张养浩干脆掏钱请客，让王宗兴一人到小酒店独斟独饮。王宗兴不仅借酒为文，也借酒壮胆。当时正是权臣桑哥等人执政的时候，面对朝政之弊，朝廷上下都噤若寒蝉，唯恐引火烧身，致不测之祸。唯王宗兴仍旧敢说敢言。元贞元年（1295）四月七日，王宗兴因病卒于京师旅舍。张养浩伤感之余，为王宗兴作《濮州儒学正王友开墓志铭》。铭文生动准确地刻画出王宗兴任达不拘的豪放性格，一个奇人的形象跃然纸上。此碑文被清朝文学家王士祯（原名王士禛）所欣赏，有"叹其奇诡"之誉。

在张养浩由礼部改任中书省令史后，他的朋友圈也日渐扩大，又结识了曹伯启、韩克昌、曹元用、元明善等新朋友。他们经常闲暇小聚，饮酒赋诗，谈天下事。

元明善是张养浩所交朋友中最令其难舍难忘的一位。元明善（1269—1322），字复初，大名清河（今属河北）人，元代著名散文家。他早岁游学吴中，以文学知名，被爱才的董士选招入幕府，任江南行御史台掾。后随董士选入京，任中书省掾。大约在元贞二年（1296）前后，张养浩与元明善结识，成为莫逆之交。此后，他俩又同为中书省掾，结为生死之交。

大德七年（1303），元明善受到张瑄贪腐案的牵连，被罢官。原来，元明善在江西行省任省掾时，养了一匹好马。这马被时任行省参政的张瑄相中。张瑄便以30斛米的价格从元明善手中买去。在买马的收据上，张瑄仅写了"米三十斛送元复初"的字样，没有写明是买马的钱，遂在张瑄遭审查时，被人误解为元明善曾接受过张瑄的贿赂。元明善百口莫辩，遂被免职，离开京城，携家寓居淮南。元明善临行时，馆阁诸公纷纷赠诗为之饯行，诗成结集，由张养浩作序，题名《送元复初序》。张养浩对元明善的坎坷遭遇表示慰勉与期望，认为挫折对一个人来说，也是一种培养与历练。

后来，元明善得平反昭雪，回到京城恢复原职。至大元年（1308），张养浩与元明善被同时任命为太子文学，两人再次同衙共事。延祐二年（1315）下半年，张养浩奉命征舶泉南。张养浩临行前，元明善为

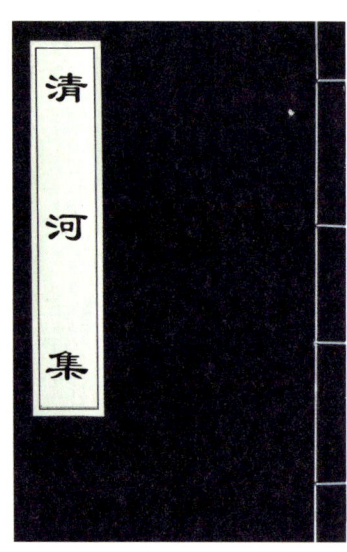

元明善《清河集》书影

他送行。张养浩赠诗一首,作《留别元复初》:

> 台阁联飞二十年,临歧欲别重凄然。
> 人言廉蔺才相轧,谁信雷陈志愈坚。
> 古井不妨风浩荡,浮云何损月婵娟。
> 江湖秋净多来雁,莫惜平安到瘴烟。

诗中所言"雷""陈",是化用汉代雷义、陈重的典故。雷义与陈重是东汉年间公认的两位品德高尚、舍己为人的正人君子。两人为至交密友,有"胶漆自谓坚,不如雷与陈"之誉,也形成"陈雷胶漆"的成语。

至治二年(1322)二月七日,元明善不幸因病卒于京师。此时张养浩已辞去参议中书省事家居济南,闻听噩耗后,遂在家中摆上好友的灵位祭奠,并作《挽元复初》一诗以为哀悼:

《挽元复初》书影

> 韩孟云龙上下从，岂期神物去无踪。
> 知君本自雄才刃，顾我安能直箭锋。
> 一死一生空世隔，三熏三沐为谁容。
> 平生碑版天留在，不朽何须藉景钟。

张养浩在诗句中以韩愈与孟郊作比说自己与元复初友谊深厚，如今龙去无踪，好友去世。一人死去，一人还活着，空隔世间，幽冥相隔。挽词表现了张养浩与元复初的深厚感情，用典凝重端雅，诗意沉稳敦厚。

泰定二年（1325），张养浩又为元明善作《元公神道碑铭》。本来，有一次两人同在好友贡奎家喝酒的时候约定，谁后死谁就要为先死者撰写墓志铭，还让贡奎做见证人。那么为什么元明善死后3年，张养浩才为挚友撰写神道碑铭呢？原来张养浩并非食言，只是每当拿起笔来，丧友的悲痛就使他泣不成声，难以自禁，无法成文。3年过后，这才忍痛"抑哀为撰次之"。张养浩在铭文中历述了元明善为学为宦的事迹，追忆了两人同为台掾、同掾丞相府、同为太子文学、同入翰林、同知贡举长达30余年的深情厚谊，表达自己为失去好朋友而悲痛不已。

共同志趣结友情

因共同的喜好与兴趣，张养浩结识了王执谦、田衍、王结、李京等好友，往来密切。他们常常相聚一起，饮宴作诗，其乐融融，乐此不疲。张养浩与王执谦、李京、田衍等活跃于当时诗坛，被称誉为"诗家四杰"。

张养浩平生喜欢搜罗收藏奇石，并经常与人赏石唱和。每当有新的收获时，他也乐得召友共赏。有一次，张养浩新购一块石头，田衍名之曰"待凤石"，深寓"国如磐石，以待凤栖"之意。张养浩以田衍所起石名典雅意深，特地赋《待凤石》一首，作为纪念。又有一次，田衍得到一些五台山特产"万年松"，学名卷柏，俗称"九死还魂草"，又称"长生不死草"，具有观赏价值和一定的药用价值。田衍以此并赋诗一首送给张养浩,张养浩乃作《万年松》之诗相唱和,以为答谢。诗中说"岂知此树生寸许,不为形累恒苍苍。贞心劲气耻土著,虽遭缚束仍芬芳。微根缠纠乱石发,细叶茸密攒针芒",通过赞扬万年松的品格,隐含做人做事应具有坚忍不拔、不怕挫折的气概。在此稍前,友人从和林带回一拳头大的奇石送予张养浩,此石"峰峦隐然,色明润可爱",为张养浩所喜欢,命名曰"秀碧"。他特意把田衍所送万年松种在秀碧石旁,相映成趣。为此张养浩在诗中说:"吾家秀碧雅相称,峰峦蹙缩云微茫。一从植此向幽寂,剑戟森照光走堂。天公岂以我为戏,故遣二物陪徜徉。"

张养浩与"非圣贤之书不读,非仁义之言不谈"的王结相交,也是始于两人对奇石的爱好。王结,字仪伯,易州定兴人。张养浩除有秀碧石外,还有一类似秀碧石大小的凝云石。他常常与友人一起赏玩此石,留下许多见证其友谊

袁桷《凝云石十咏》书影

的诗篇。有一次,王结在张养浩处饮酒,酒酣之余,张养浩拿出凝云石供他赏玩。王结为此赋一首《凝云石为省郎张希孟赋》相送:"张君历下饱看山,犹说爱山深入骨。凝云此日落君手,屋宇藏山更清彻。"

此外,与张养浩有着近30年交情的浙东文士袁桷,也有与张养浩相唱和的《次韵张希孟凝云石十咏》之作。其一咏曰:"我爱凝云好,雍容谏诤姿。虚中超混沌,正色走穷奇。润物非无意,成功自有时。栖迟元未晚,清坐愧神痴。"诗句借石喻人,赞美张养浩为官为人的品质。此外,朝臣虞集有《题张希孟凝云石》、揭傒斯有《寄题太子文学张希孟凝云石》等应和之作,从中亦见张养浩与他们的交往和友情。

生死离别情谊长

武宗至大元年(1308),张养浩任太子文学期间,又结识了追随翰林学士承旨姚燧学习的同乡士子李泂。两人曾毗邻而居,交往日多,遂为好友。李泂(1274—1332),字溉之,原籍滕州,后来迁居济南,遂称济南人。李泂曾在大明湖畔建有别墅一座,颇有湖山花竹之胜,还在湖边修建一座凉亭,取宋儒

位于大明湖畔的天心水面亭

邵雍之诗句"月到天心处,风来水面时",取名为"天心水面亭"。亭子后面还建了一座超然楼。元文宗时,李洞数次觐见,奏对称旨,特授奎章阁承制学士,朝廷每有大政商议,文宗也都令其参与,备受文宗信任。有一次,文宗与侍臣虞集、李洞、柯九思等人说到山川形胜的话题时,柯九思说:"济南山水似江南,殆或过之。臣洞之居在大明湖上,雍土水中而为亭,可以周览其胜,名之曰'天心水面',可想见其处矣。"这引起文宗的极大兴趣,特命虞集为李洞的"天心水面亭"作记一篇,史称佳话。

李洞天生异质,悟性极好,所为文纵横奇变,臻极神妙,遂为"以文章负大名"的姚燧所欣赏,收为门徒。后在姚燧的推荐下,李洞被授任翰林国史院编修官。李洞一入仕便任八品官职,同僚都为李洞高兴,祝贺他前途无量。可是李洞没有表现出丝毫欣喜之情,他以学业未竟、学问不足,竟执意归乡侍亲而"肆力于学"。临行之际,张养浩为他送行,特意作《送李溉之序》相告别。张养浩对李洞矢志于学的精神大为赞赏,认为"圣人之道,闳远高妙,愈求而愈无穷,非心专志确,未易致之",由此也对李洞的未来充满期望:"观其言,则他日所至,殆未可量。"事实正如张养浩所预言的,李洞学成再仕后,考除集贤院都事,转太常博士,擢监修国史长史、秘书监著作郎、太常礼仪院经历、翰林待制,超迁翰林直学士,特授奎章阁承制学士,同修《元经世大典》,终为一代名臣。

此时,张养浩还结识了来京谋职的同乡士子潘宗祐。随着交往日深,两人志趣相投,也相知益厚。潘宗祐(1271—1312),字仲德,济南阳丘(今章丘)人。他出身于一个小官吏之家,自少丧父,刻志励学。因性情孤傲,卓尔不群,他曾受到乡里恶吏的欺压迫害。他奋起反抗,得众人赞赏。后携其著作《见闻纪义》游走京师,大概也是受到同乡刘敏中等人的赏识与推荐,遂破格授任为翰林国史院检阅。几年后,潘宗祐擢任翰林国史院编修官,愤权贵当权,政弊日深,欲上书朝廷,力革时弊,为时任监察御史、深知朝廷水深的张养浩所劝阻。潘宗祐志不得申,忧心如焚,遂著《辽金鉴略》一书,以泄所怀。仁宗即位后,朝政改弦,诏选国子监官属,潘宗祐以其真才实学、忠诚刚毅得到推荐，任为从仕郎、国子博士。孰料，潘宗祐竟因坚持原则、不愿与属僚同流合污而郁闷致疾，于皇庆元年（1312）正月初四不幸去世，年仅42岁。潘宗祐得病以后，张养浩与元明善曾专门去其家探视慰问。潘宗祐虽身染重病，仍不改初心。他向张养浩、元明善明确表示："宁正而塞，毋不正而达。"潘宗祐去世前，特地嘱咐儿子潘桂，他死后一定要请张养浩为他写墓志铭。好友英年早逝，令张养浩痛心悲怆。张养浩含泪写就《元故国子博士潘君墓志铭》。

延祐元年（1314）秋，与张养浩同衙共事、同为诗友的范梈被任命为海南海北道廉访司（治所今广东雷州）知事。范梈（1272—1330），字德机，清江（今江西樟树）人，是当时颇负盛名的诗人。好友离别，不知何时再能相见，怀着依依难舍的心情，张养浩赋诗《送范德机赴海北道宪司知事》一首，为其送行：

金薤银钩两绝奇，才华江右舍君谁。
一官毛义荣亲日，千里吕安怀友时。
叫断霜天鸿雁瘦，吟残山月凤鸾饥。
从今夜夜江湖梦，说似杨花未必知。

诗中称赞范梈才华过人，书法精妙绝伦；夸赞他是一位"固穷守节，竭力以养亲"的孝子；说他为人志量开阔，有超俗之气；倾诉此别以后，相隔万里，即便秋雁南飞，难以致书问候，令人难过至极；悬想朋友月夜苦吟，月残腹饥，也不会改变其高洁品质。此诗热情洋溢地称赞了范梈过人的才华、感人的操行，尽叙与之别后思念之深，表达张养浩对范梈的深厚情感。由此引发张养浩向往辞官归里、放浪江湖的梦想。

后来范梈以病归里，张养浩又作《范德机寓田记》相赠，文中有"以博厚为田，高明为庐，仁以为山，智以为水，种以义理而获以道德，将居之食之，无不穷极厌足"之语。这既是张养浩对范梈的勉励，也是对自己的鞭策。

延祐二年（1315），好友王克诚以礼部郎中迁陕西行省左右司郎中。张养浩作《送王克诚序》，送其赴陕西行省任。张养浩还在任中书省掾时，就与王克诚相识结交。王克诚富有爱国之心，学问操守为人称道。张养浩对他出任陕西行省左右司郎中充满期待，祝福好友有所作为，做出一番事业，彪炳天下。

送走了王克诚，好友柳唐佐又有新的任命。他特意拜访张养浩并道别。张养浩是在任台省掾时，与柳唐佐认识的。两人相交日久，彼此深知。柳唐佐此时由章庆使司同知出拜怀孟路总管，以张养浩曾任堂邑、博平亲民官，而登门求教为政之道。张养浩为此写了《送柳唐佐序》相送，以"吏之于民，亲之如子"作为赠言，期望老友为官一任，造福一方。

延祐五年（1318）年底，得知阳丘（今章丘）好友、舞阳县尹张如砥任满回京，在等候考核后履职新的任命时，张养浩特意去看望他。暂居京师旅舍的张如砥生活清苦。但见桌子上放着几只还盛有剩饭的盘碗，清冷的居室既无火炉，也无薪炭，张如砥却还裹着棉被危坐读书，这使张养浩非常感动。他对好友表达敬意。张如砥，字周道，以政绩突出、考核优秀，得到御史中丞陈天祥的推荐，调任松江上海县尹。张如砥离京赴任前夕，携同为阳丘好友的彭敬叔一起去向张养浩道别，并请张养浩为其先茔题写碑文。张养浩遂为之撰写了《阳丘张氏先茔碑铭》。

好友相继迁官、离任，以及染病、去世，令张养浩无限伤感，他在延祐六年（1319）年末，于京师过除夕时所赋的《京师除夕》中写道：

旅食京华岁又残，悠悠身世去留难。
身能安分贤于隐，子肯读书贵似官。
潦倒乾坤双鬓秃，凄凉今古一灯寒。
明朝五十从头数，且尽椒盘此夜欢。

张养浩在诗中说自己已是年过半百、双鬓变白的残岁年月，已经没有过多的奢望，只要身体安好，子女能读书自奋，就已经心满意足了。

第七章

诗文徜徉云庄居

我爱云庄好,夕烟树半腰。亭高无近瞩,岁乐有新谣。农粪初开地,童梁已坏桥。眼前皆事业,何必立人朝。

我爱云庄好,柴门俗客稀。行田虫扑帽,坐树蚁缘衣。云水一铜镜,霜林万锦机。东岗陂故在,辞聘未全非。

我爱云庄好,绝无声利尘。林篁清耳目,编简肃心神。种放非樵客,焦先岂野人。此心幸无屈,乌用更求伸。

…………

云庄遗迹

辞官归养之后,深居简出、遁世绝俗的张养浩一口气写下了题为《我爱云庄好》的9首诗作,尽情抒发归隐济南故居云庄之后恬静绚丽的田园生活及悠然自得的情趣。

一片闲云无拘系

云庄,一个多么优雅而富有诗意的名字。李家庄、王家庄、张家庄……在人们多愿以姓氏给生之、居之、养之、息之的村居命名时,张养浩唯独要把心仪的居所命名为云庄,自有深意所在。

"云来山更佳,云去山如画。山因云晦明,云共山高下。"张养浩在这首《双调·雁儿落兼得胜令·退隐》曲中,采用中国画中横云断山、意到笔不到的写意手法,描绘出云山相依、云绕山腰的变幻之美。远山高峰,云雾缭绕,云隔断了山,山衬出了云。云行因为山势而更显飘逸轻盈、婀娜多姿,山势因为云行而更显坚韧挺拔、巍峨险峻。这是一首赞美自然风光的优美歌曲,更是一幅生动逼真的山水图画。

咏"云"、叹"云"、歌"云"、赋"云",在张养浩的笔下,"云"就是自己的化身。"好田园,佳山水。闲中真乐,几个人知?自在身,从吟醉。一片闲云无拘系,说神仙恰是真的。任鸡虫失得,夔蚿多寡,鹏鷃高低。"(《中吕·普天乐·闲居》)张养浩说自己就像一片无拘无束的闲云,跳出是非名利场,俯瞰着世人斤斤计较于蜗角微名、蝇头小利而争斗不休;以云卷云舒的悠然心态,欣赏着绵延起伏的好田园、佳山水,享受着神仙般的逍遥。张养浩在红尘扰扰之中找到了一块净土,在这里没有是非名利,没有荣辱浮沉,"名不相干,利不相关,天地一身闲"(《越调·寨儿令》)。

在张养浩的视野中,"云"是其方外挚友。"自隐居,谢尘俗。云共烟,也骕骦。"(《双调·胡十八》)青山茅庐,云水烟霞,恰似图画般的风光,胜似久别重逢的欢愉。"有青山劝酒,白云伴睡,明月催诗。"(《中吕·普天乐·辞参议还家》)与白云为伴,与青山对饮,在山水间徜徉,过着洒脱不羁的诗酒生涯,是何等的惬意。

元代画家姚廷美所绘《有余闲图》

在张养浩看来,"云"更是王朝兴衰更替、人生聚散无常的真实写照。"想兴衰,若为怀,唐家才起隋家败。世态有如云变改。"(《中吕·山坡羊·咸阳怀古》)"挂冠,弃官,偷下了连云栈。湖山佳处屋两间,掩映垂杨岸。满地白云,东风吹散,却遮了一半山。"(《中吕·朝天曲》)栈道本建于险绝之处,傍凿山岩,以险著称。栈道接着"连云",就更增其险。仕宦之途就是如此令人惊心,身处其境时,备受艰辛。对此,张养浩有着深切的感受,过往的那一幕幕如惊涛骇浪,始终令他难以忘怀。

急流勇退归故里

元英宗画像

延祐七年(1320)正月,既佞佛又嗜酒的元仁宗,最后死在了过量饮酒导致的酒精中毒上,年仅36岁。仁宗18岁的儿子硕德八剌于当年三月头戴皇冠,正式登基即皇帝位,是为英宗,次年改元至治。

英宗是元代帝王中唯一一位在临朝执政前未经任何困难磨砺,却深受儒家思想影响的大有作为的君主。他即位之后,年轻气盛,急切地想做出些事情,树立威望。他自幼接受儒家思想教育,注重起用汉族知识分子,力行政治改革。因此,英宗相继实行以下治国措施:举善荐贤,整顿吏治;裁减不急之务,减轻民众负担;审定颁行具有法典作用并带有刑法典性质的《大元通制》,欲力挽昔日积弊,改革图强,史称"至治新政"。正是在这一政治背景之下,张养浩擢任参议中书省事。

参议中书省事之职,作为宰相的属僚之长,为元代所首创。在时人眼里,参议中书省事是一个位高权重、令人羡慕的要职。当时政坛上一个颇为有趣的现象是,参议中书省事常从六部尚书中选任。六部尚书虽然也是宰相的下属,但毕竟是一部之长,并不具有幕僚身份,其正三品的官秩,也要高于正四品的参议中书省事,然而六部尚书多有改授参议中书省事的。这其中的重要原因,一是与六部尚书不同,参议中书省事能参加中书省日常议政;二是任参议中书省事能有更多的机会升任宰相,所以任参议中书省事当时被称为"参大政"。张养浩正是由礼部尚书拜参议中书省事的。

这时,在朝廷中深受英宗倚重的是中书左丞相拜住。拜住是成吉思汗时期的功臣木华黎之后、元世祖时期中书右丞相安童的孙子。拜住5岁丧父,由其母怯烈氏抚养成人。怯烈氏对他严加训教,延请汉儒为师。拜住由此成为蒙古贵戚中的"真儒"。他主张"以儒治国",崇信"汉法"政治。有一次,英宗问拜住:"我朝亦有如唐魏徵之敢谏者乎?"拜住回答说:"盘圆则水圆,盂方则水方。有太宗纳谏之君,即有魏徵敢谏之臣。"此言深受英宗赞许。正是由于思想政治理念上相通相投,张养浩深得拜住的信任,两人相处十分融洽。他常向拜住推荐某人可用、某人不可用、某事可行、某事不可行,皆得拜住赞同。

至治元年(1321)正月十五为上元灯节,按照传统习俗,大都城内张灯结彩,欢度佳节。皇宫内庭自武宗时起,也开始张灯结彩,阖宫赏玩喧闹,数日不息。英宗为庆祝自己即帝位后的第一个元宵节,便计划在皇宫造一座大型灯山,举办一个热闹的元宵灯会。张养浩闻听此消息后,顿生忧虑,认为英宗即位伊始,不应大操大办,而应效仿世祖以崇俭虑远为法,为天下树立节俭的典范。于是他把自己的想法付诸笔端,拟成《谏灯山疏》一道,欲

清人所绘《十二月月令图》

力行谏阻。为了慎重，他接受至大年间进《时政书》遭受迫害的教训，先去拜访宰相拜住。他表达了投书劝谏之意，并请拜住代为转达奏章。拜住此前就有对英宗"节用爱人，使民以时"的谏言，这次对英宗大事张灯赏玩之举也觉不妥，但对进谏可能导致的后果仍充满担忧。因为就在前一天，御史观音保等人因力谏英宗在五台山兴建佛寺而触怒天威，竟被极刑弃市，因此他劝张养浩三思。张养浩表示，受国厚恩，宁坐犯颜，也不能为了保身而缄默不言，坚持进谏。拜住被张养浩的大义所打动，遂于第二天把张养浩的奏疏递交皇上。只见奏疏中写道：

世祖临御三十余年，每值元夕，闾阎之间，灯火亦禁；况阙庭之严，宫掖之邃，尤当戒慎。今灯山之构，臣以为所玩者小，所系者大；所乐者浅，所患者深。伏愿以崇俭虑远为法，以喜奢乐近为戒。

英宗读到此言，果然雷霆震怒。后在拜住等人的一再解释劝说之下，英宗才转怒为喜，说："非张希孟不敢言。"遂下令停止筹办灯山工程，并对张养浩赐钱5 000贯以为嘉奖。张养浩对英宗的赐钱力辞不受。拜住遂居间调解，建议英宗改赐张养浩金线织造的缣帛一匹、丝帛一匹，以有限的物质奖励表彰其忠直。

张养浩敢冒天下之大不韪的忠勇气概，既让同僚们刮目相看，也让大家深受鼓舞。时人把他的《谏灯山疏》称誉为"捐躯谏"。

虽然得到时人的称赞，但张养浩还是有些后怕。他后来回忆这件事，认为当时的上书行为不免有些"狂愚"：上书能成功，实在是神明的保佑。

就在张养浩为躲过一场灾祸而暗自庆幸时，意料之外的厄难却从天而降。就在这年年初，他十分疼爱的儿子张强不幸因病去世。就在年前，张养浩的学生宋本、宋褧兄弟来到大都后，他还特意安排张强跟随宋本兄弟学习交游。

张强（1300—1321），字惟健，贤而有文，才识通敏。张强长得更是丰仪俊秀，一表人才；举止风流倜傥，文雅得体；尤其喜欢收藏，字也写得好，善草、隶诸书，名满京城，前程远大，被时人誉为"天上公子，齐岱精英"。

他追随宋本兄弟学习,与宋褧的关系尤为密切。张强去世后,宋褧作《哭张惟健》诗曰:"天风吹下玉鱼符,绛节飙轮下玉虚。人海渺茫思卫虎,士林憔悴叹曹蜍。纷纷故物尘凝座,寂寂春魂月满除。珍重尊翁休痛哭,郎君方代少霞书。"诗末一句是安慰张养浩的,劝其珍重身体,不要太悲伤。

丧子的隐痛始终挥之不去,济南却又传来老父亲病重的消息,这使张养浩寝食难安,坐卧不宁。加之宦海沉浮,前途难卜,令他备感心灰意冷。张养浩毅然决定辞官回归故里济南云庄。

故园归卧遂初心

其实,早在张养浩被任命为参议中书省事时,他就隐约感到日益沉重的政治压力。他自知城府不深,心里藏不住事;但又为人耿直,眼里容不得沙子。遂萌生急流勇退、归隐山水的念头。上《谏灯山疏》后,虽然有惊无险,但却更加激发其愈益强烈的归隐之念。正像他日后在诗中所表达的:"抗俗支尘力不任,故园归卧遂初心。"既然无力抵抗尘俗喧嚣,不如随心所愿,回归故里享受田园之乐。

济南是一座能使人身心得以慰藉的山水之城,也是令人难以割舍的缱绻安恬之地。于是张养浩从任参议中书省事前,就在济南云庄修建"遂闲堂",准备哪一天挂冠致仕,回乡闲居。

云庄距离济南城西北郊5公里左右,是张养浩的祖父、父亲艰辛经营留下来的产业,包括宅第、墓地、耕地、林地、池塘等,有30余万平方米。西望标山,东眺

宋人所绘《归去来辞》画卷

华山,北依清河,南面诸塘。众流缠绕,林木成荫。近闻莺鸣枝头,远听山猿吼叫,擅湖山猿鹤之胜。早在唐代,在诗文上颇有盛名的杜甫与北海太守李邕畅游济南时,两人一起在济南城头远眺湖山,李邕作诗赞吟济南城郊风光:"太山雄地理,巨壑眇云庄。"借用此诗意境,张养浩在经营构建幽静闲适的宅第时,便名之为"云庄"。

云庄的房子原来都是茅草屋,现都被陆续换成了瓦房。整幢宅第坐北朝南,宽敞宏大。虽说不上豪华,但也别致典雅,坐落有序。主宅是从张养浩辞职前开始增建的遂闲堂,四周环绕着名为拙逸、乐全、九皋、半仙的四个堂亭。宅第前有一大片树林,都是从张养浩的祖父时起陆续栽种的,多有近百年树龄的合抱大树,且多梨、杏、桃、柿等果树。林深叶茂,荫翳蔽日,即使是盛夏,也觉清凉爽快而无暑热之感,"取其洁",张养浩命名为"云香林"。在葱郁的树林间,张养浩还立了一座山石,山势挺拔陡峭,名曰"挂月"。树林前面以西修建了一座可供赏玩休息的凉亭,张养浩"取其闲",命名为"绰然亭"。绰然亭以东,则修建了一座独立的屋宇,张养浩以"弦诵之隙,偃息其中",命名曰"处士庵"。绰然亭的对面,开凿了一个大型池塘,池水与贯穿林地、稻田的河流相通,池中还矗立着一高大奇石,名曰"玉云峰"。池塘中栽种着荷藕、菰蒲、菱芡等,鸥鹭鳞甲,飞泳自如。池塘四周种植有翠竹、垂柳、桧柏、花卉等,水流潺潺,荷香阵阵,鱼虾成群,蝉声蛙鸣,张养浩"取其芳",命名为"云锦池"。此外,还陆续建有观物亭等。

整座庄园,"适当华、鹊之冲,兼有泉石之胜"。"东,绕屋烟岚万玉峰";"西,竹坞莲塘接稻畦";"南,林影山光水倒涵";"北,郊原处处皆春色";"上,朝暮云烟千万状";"下,世累而今都不挂"。境界旷达,景色浑然天成;溪山映带,极富湖山河泉之韵。张养浩自认为可与唐代"王维辋川,殆伯仲埒"。他为此专门写了《云庄记》一文,详记庄园概况,直叙胸臆感慨。张养浩感到心满意足,非常完美,他在《双调·落梅引》里唱道:

入室琴书伴,出门山水围。别人不能够尽皆如意,每日乐陶陶辋川图画

宋代初年郭忠恕所临王维辋川图

里,与安期羡门何异!

遂闲堂是云庄的主体建筑,清雅优美,古色古香,幽美宜人。张养浩在其诗文散曲创作中对此多有描绘。如《中吕·十二月兼尧民歌·遂闲堂即事》云:

堂名遂闲,偃息其间。对着这青编四围,翠玉千竿。壁上关仝范宽,枕上陈抟。

古铜围座锦斓斑,玛瑙杯斟水晶寒,灵石相间玉潺湲,笔砚窗前雨声干,倒大来清安。柴门势不关,一任云飞散。

遂闲堂前,丛竹环植,清溪流淌。堂内书橱上存放着群书典籍,博古架上摆放着金石古玩,墙壁上挂着名家字画。张养浩居息此中,饮酒赋诗,无忧无虑,摒弃了尘俗的事务,抛却了烦恼,一觉睡到天大亮。闲适恬静,与世无争,张养浩过的是神仙般的日子,就像他在《双调·水仙子·咏遂闲堂》曲中所吟唱的:

绰然亭后遂闲堂,更比仙家日月长。高情千古羲皇上,北窗风特地凉,客来时樽酒淋浪。花与竹无俗气,水和山有异香,委实会受用也云庄。

在无俗气的花竹中，嗅闻山水异香，连神仙也羡慕不已，其闲适可追比几千年前太古时代的逸民，字里行间洋溢着满足和陶醉的情感。夜卧于这山云与共的环境，宛如置身于仙境之中。

在庄园建设中，最令张养浩心仪的还是绰然亭的修建。绰然亭原名"翠阴亭"，张养浩后取《孟子》"我无官守，我无言责也，则吾进退，岂不绰绰然有余裕哉"之意，改"翠阴"为"绰然"。泰定二年（1325）绰然亭即将上梁完工之际，张养浩特意撰写了一篇《绰然亭上梁文》以作庆贺。该文题名上梁，其实主体内容是回顾自己的仕宦经历。

泰定三年（1326），绰然亭建成。张养浩先作《翠阴亭记》，又赋《翠阴亭落成自和十首》，也是言在诗外，意在文中，说自己归卧云庄，并非完全是洁身自爱，也不完全是寻求山水之乐，而是"知止知足"，不与世俗同流合污。

绰然亭成为张养浩读书修心、静养涵情的重要场所。他在《正宫·塞鸿秋》一曲中唱道：

春来时绰然亭香雪梨花会，夏来时绰然亭云锦荷花会，秋来时绰然亭霜露黄花会，冬来时绰然亭风月梅花会。春夏与秋冬，四季皆佳会，主人此意谁能会？

他在另一首《双调·清江引·咏秋日海棠》中唱道：

花竹满亭高士居，常把春留住。赏罢芙蓉秋，又见胭脂露，这的是绰然亭绝妙处。

生长于山水之乡，张养浩对石头有着很深的情感和偏爱。早在归隐之前，他就收藏各种奇石。如今在云庄的营建中，自然少不了山石的衬托。除了在云香林内、云锦池中树立"挂月""玉云"两石之外，张养浩还又陆续搜求购置了一些奇石摆放在园内。这些石头被分别命名为抱云、苍云、骢云、振玉、龙、凤、龟、麟等，总数有十块之多，被张养浩呼为"十友"。张养浩在随口

位于趵突泉公园内的龟石

吟成的《绰然亭口号》中曾写道:"十年坚卧玉溪东,多谢山灵肯我容。为问赏心谁是伴?抱云挂月两奇峰。"他还作《有石可友》一首,诗中说:"有石可友,玉立仞余。峭拔崒兀,厥色翠如。""或叩以杖,或沃以酒。或望而趋,或坐与偶。载摩其足,载拥其肘。载拍其肩,载抚其首。恬焉受之,略不余否。"喜爱之情无以复加,诗人与石头俨然如情投意合的朋友。

漫步园内,张养浩还特地饲养了一白一黑两只仙鹤为伴。养的时间长了,两只仙鹤不仅不怕人,而且愿意跟在张养浩身后,随之信步。有时,张养浩坐在凉亭内小憩,但见两只仙鹤"往来饮啄,或翔,或眠,或立,或曲颈理羽,与林泉花石相映",情趣天成。有时两鹤戛然而鸣,声动寥廓。远处的放牛郎则模仿鹤鸣,应声相和,就似一问一答。此景此情,使张养浩备感身心飘洒,感觉就像神仙一样。不幸的

鹤舞图

是，其中一只鹤后来被田间老妇打伤了腿，在两个月以后死去。这令张养浩深感惋惜。为此他赋诗《惜鹤》十首，分别以"购鹤""友鹤""病鹤""医鹤""挽鹤""招鹤""痊鹤""忆鹤""梦鹤""图鹤"为题，表达对鹤的怜爱之情，同时也抒发归隐生活的情趣。

"其乐无涯"云庄情

水绕门，树围村，雨初晴满川花草新。鸡犬欣欣，鸥鹭纷纷，占断玉溪春。（《越调·寨儿令·春》）

云庄环境是优美的，张养浩在云庄的生活也是悠闲自在的。他在散曲《中吕·普天乐·乐无涯》中唱道：

水接蓝，山横黛，水光山色，掩映书斋。图画中，嚣尘外，暮醉朝吟妨何碍。正黄花三径齐开，家山在眼，田园称意，其乐无涯。

树连村，山为界，分开烟水，隔断尘埃。桑柘田，相襟带。锦里风光春常在。看循环四季花开，香风拂面，彩云随步，其乐无涯。

....

芰荷衣，松筠盖，风流尽胜，画戟门排。看时节采药苗，挑芹菜，捕得金鳞船头卖。怎肯直抢入千丈尘埃！片帆烟雨，一竿风月，其乐无涯。

....

明人所绘树下读书图

曲中咏叹田园之美，描摹出一幅富有诗情画意的田园风光图，歌咏了一位与世无争的隐士形象，揭示了张养浩志行的高洁、对名利的蔑视，彰显其清高孤贞、情趣高雅。

清早，山朦树胧，月挂枝头，月光斜射到屋里，照得满屋通明。这时，张养浩起床晨练，开始一天充实的生活。

中午，张养浩在潺潺的溪水中洗洗脚，在凉亭中观云小憩。睡意蒙眬中，身与自然完全融为一体，若缥缈的白云随风飘逸。

傍晚，雨过天晴，翠阴夕照。篱笆上缠绕着盛开的牵牛花，屋檐下即将归宿的麻雀叽叽喳喳，一派田园乐趣。这时，在空旷的亭园中，张养浩独自一人沿着开满鲜花的曲径漫步，构思着诗词赋曲。

夏日，林深水绿，蓬莲茂盛，一派沁人心脾的夏日风光。每到这时，张养浩都会邀几位志趣相投的朋友，弦歌而乐。

冬天，万物萧疏，郊野空旷。窗户上还映照着残月的影子，鸡鸣声已此起彼伏。这时，张养浩起床洗漱，披衣读书。

更多的时日，张养浩还是外出近郊，游山观水，肆情吟咏。"出门游目景无穷，老子惟愁诗不供。"（《野兴二首》）鹊山湖、大明湖的荷花盛开，能

大明湖荷花池

令张养浩观赏整天，也不忍离去："水府群仙会，红云拥翠霞。黄昏不归去，认得老夫家。"（《咏荷花》）标山、华山景色优美，张养浩常常携酒游赏，一醉方休："昨朝醉田间，欲借山为枕。青山不肯前，却枕白云寝。"（《郊饮醉归》）

送往迎来书丹青

在云庄，张养浩接待过不少在任或退休的昔日好友。他们共叙友情，诗文唱和，推杯换盏，好不快活。"四面云山锦簇屏，客来沉醉绰然亭"，成为流传于世的文坛佳话。张养浩在《翠阴亭记》一文中也写道："客至，即盘果于林，筌鱼于渊，或饮或馔，或游历咏歌，以穷厥胜。人既欢洽，物亦随适。"云庄周边的鹊山、华山以及鹊山湖、华山湖、大明湖，是他与朋友最常去的几个地方。"金缕歌残华鹊月，兰舟摇碎泺湖烟。"他们荡舟在湖上，吟唱着《金缕曲》，常常到深夜才返。

至治元年（1321），张养浩辞职回到济南后，遇到了相识多年的好朋友山东都转运盐使刘澍。没过多久，张养浩却闻知刘澍染病，卧床不起，遂赶忙前往探视慰问。看到刘澍精神尚好，张养浩大为宽心。孰料不久，刘澍竟因病去世。刘澍之子刘光祖泣请张养浩为父题写碑铭，张养浩含泪写下了《山东都转运盐使刘公神道碑铭》，作为永远的悼念。

这时，有着30多年交情的老朋友商泽民专程来看望张养浩，这令他喜出望外。商泽民是高唐（今属山东）人，曾在济南做过学官。在京城时两人是离多聚少，此番相见，格外亲切。他们酌酒叙旧，高兴异常。闲谈中，商泽民说早就嘱托张养浩为自己的书室"静斋"题记，迄今张养浩也没有兑现。张养浩连忙解释是事多忘记此事，于是提笔写了《静斋记》相送。商泽民举酒相谢，满意而归。

泰定二年（1325）春，出任山东肃政廉访使的许师敬特意到云庄登门拜访。许师敬是金末元初著名理学家、教育家许衡之子，怀庆河内（今河南沁阳）人。皇庆元年（1312）拜参知政事。早在皇庆、延祐年间他就与张养浩结为知己，故交甚厚。两人此次会面，禁不住各诉离别之情，感叹人生短暂；也少不了把盏痛饮，畅论学问；最后在依依不舍中分手，互道珍重。后来受许师敬之邀，张养浩还为济南五龙潭龙祥观写了《复龙祥观施田记》一文。

除了送往迎来、邀朋呼友畅游山水之外，张养浩在云庄的大量时间是用来读书写作的。无论是在为官期间，还是在归隐之后，手不释卷、读书写作几乎是张养浩每天雷打不动的功课。归隐以后，张养浩文思泉涌，泼墨如注。这一时期成为其文学创作的繁盛期。作品数量之多，要远远超过他为政之余时所作。

归隐云庄后，张养浩正是以超然物外的心态，倾心创作；同时整理自己的诗文集、散曲集以及政论集，这就是日后付梓传世的《归田类稿》《云庄休居自适小乐府》《为政忠告》等。这些都是他历年所作的结集，没有无病呻吟的东西，凝结其毕生的心血，是中华民族的优秀文化遗产。

张养浩是元代诗坛的一位重要诗人，他继承唐代杜甫、白居易诗歌的现实主义传统，诗风质朴清新，内容充实，善于

元代画卷《西郊草堂图》

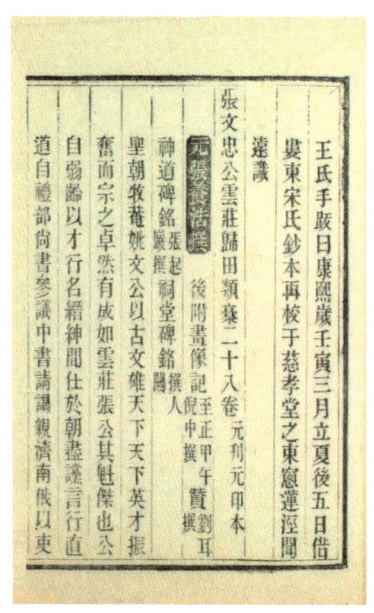

皕宋楼藏书志所记《归田类稿》书影　　　《云庄休居自适小乐府笺》书影

"在和平冲淡之中错以奇崛藻丽"。其散文题材广泛，有游记、传记、政论、奏疏、赠序、祭文、碑铭等。他的游记善于托物寄兴，寓情于景；传记人物形象鲜明，评价准确；政论材料充实，逻辑性强，在元代为数不多的散文作家中是成就较高的。他的散曲则凸显豪放风格，雄浑中兼有清逸，悲壮中兼有典雅，融情入景，情景交融，语言雅俗兼取，化俗为雅。他的散文追步元代古文大家姚燧，颇具文坛领袖风范。

辞官归隐的张养浩，所追求的不仅仅是山水之乐，还有他十分关心的修桥铺路、立学兴教、赈济贫弱等公益性的事业。他捐资创建闵子书院，修建乡贤祠，设置义田。他还要建标山亭，建云庄书院，招收四方愿学之士……但是，想做的、要做的还没有来得及付诸实施，张养浩就被朝廷征召，踏上西去赈民之途，最后以身殉职。

JINAN 济南故事

第八章

邀朋携友济南游

"玩水游山,身无拘系,这的是三十年落的。"这是张养浩在散曲《中吕·朝天曲》中所吟唱的。追山逐水,畅叙胸臆,是张养浩在宦海波涛中放松心情、调整心态的重要方式。

当供职之暇,或衔命出使之际,或省亲居家期间,张养浩曾多次邀朋携友,畅游家乡济南。赏泉、泛湖、登山,诗酒朋侪,兴之所至,徜徉于济南的山山水水,留下许多脍炙人口的传世佳话。他著文赞美家乡济南说:"其曰'历山'者,迤岚突翠,虎逐龙从,南楔岱宗,东属于海。华、鹊两峰,屹然剑列,峭拔无所附丽,众山皆若相率拱秀而君之。大明湖则汇碧城郭间,涵光倒景,物无遁形。自远而视,则华、鹊又若据上游而都其胜者。至于四时之变,与夫阴霁早暮,水行路走,随遇出奇。凡可以排嚣宣郁,使人蜕凡近,心高明,可喜、可愕、可诗、可觞、可图者,靡一不具。"短短几句,勾勒出家乡济南一派山水绮丽、沁人心脾、令人陶醉的秀美图卷。

赏泉唱吟咏奇观

济南泉水甲天下,久负"泉城"之名。元代著名学者于钦在《汇波楼纪

趵突泉公园内观澜亭

略》一文中写道:"济南山水甲齐鲁,泉甲天下。盖他郡有泉一二数,此独以百计。涛喷珠跃,金霏碧淳,韵琴筑而味肪醴,不殚品状。在邑者,潴市之半;在郭者,环城之三。棋布星流,走城北陬,汇于水门,东流为泺。"泺水之"源曰趵突,流曰泺",北流滙为大明湖,东北流入小清河。历史上泺水又曾向北流入济水,汇合处名为"泺口"。趵突泉是泺泊(今五龙潭一带)的源头,经过趵突泉边的街又据此名为"泺源大街"。

早在宋代,曾任齐州(今济南)知州的曾巩在趵突泉边兴建泺源堂,并写了一篇《齐州二堂记》,文中就赞誉说:"齐多甘泉,冠于天下。"至金代,济南已形成"七十二泉"之说。在济南主城区的趵突泉、珍珠泉、黑虎泉、五龙潭四大泉群中,趵突泉泉群独占鳌头,闻名遐迩。而在趵突泉泉群中,趵突泉、金线泉、柳絮泉、漱玉泉、马跑泉为翘楚。这也是张养浩经常携朋友游览赏玩、流连忘返的去处。

在张养浩的传世作品中,就有两首同名为《趵突泉》的诗作。其一曰:

绕栏惊视重徘徊,流水缘何自作堆?
三尺不消平地雪,四时常吼半空雷。
深通沧海愁波尽,怒撼秋风恐岸摧。
每过尘怀为潇洒,斜阳欲没未能回。

身倚曲栏,环绕观看,泉水轮涌,犹如堆雪,声如雷鸣,激荡池岸。每次与朋友们来此赏泉,张养浩都会感觉世俗的胸怀顷刻变得清高脱俗,流连忘返,不忍离去。诗作的深层含义揭示了作者在宦海中受压抑的心情,犹如泉水在翻腾、奔泻,抒情蕴含于咏物之中。对此,他在另一首《趵突泉》诗中写道:"奇观天下无,每过烦襟清。……因之有真悟,日晏忘濯缨。"

一个艳阳高照的日子,张养浩出使路过家乡,驻车稍住,在济南路马克修总管的陪同下,畅游济南。在趵突泉边,他们临池宴饮,欣赏曲唱,兴致勃勃,情趣盎然。宴后他们移步趵突泉东北侧,欣赏著名的柳絮泉和金线泉。

柳絮泉边环植垂柳。阳春三月,柳絮纷飞,水花泛白,柳絮泉以此得名。

位于趵突泉公园内的柳絮泉

相传宋代著名女词人李清照当年的居所就在柳絮泉边。柳絮泉池荇藻浮动，锦鲤戏游；池周杨柳拂翠，花木繁茂。

闻名于世的金线泉，以水盛时泉水从池底两边对涌，在水面相交，聚成一条时隐时现的水线蜿蜒移动，在阳光照射下闪闪发亮，宛若金线，堪称天下奇观，故名曰"金线泉"。

宋代济南学者李格非、齐州掌书记苏辙、齐州知州曾巩等人，都有对金线泉的记述。如曾巩在《金线泉》诗中说："玉甃常浮灏气鲜，金丝不定路南泉。云依美藻争成缕，月照寒漪巧上弦。已绕渚花红灼灼，更萦沙竹翠娟娟。无风到底尘埃尽，界破冰绡一片天。"可知金线泉池的金线不仅白天能看到，在晴朗的月夜也能看到，而且夜晚金线则仿佛月面弧线，更清晰鲜明。

实际上，历代游览吟咏金线泉的人很多，但似乎没有几个人真正去静心探究金线泉金线形成的原因。倒是清代文学家刘鹗在《老残游记》中，不仅对金线泉做了尤为深刻生动的描写，而且也较为科学地解释了这一千古名泉的金线奇观之谜：

这金线泉相传水中有条金线。老残左右看了半天，不要说金线，连铁线

位于趵突泉公园内的老金线泉

也没有。后来幸而走过一个士子来,老残便作揖请教这"金线"二字有无着落。那士子便拉着老残蓦到池子西面,弯了身体,侧着头,向水面上看,说道:"你看,那水面上有一条线,仿佛游丝一样,在水面上摇动。看见了没有?"老残也侧了头照样看去。看了些时,说道:"看见了,看见了!这是什么缘故呢?"想了一想,道:"莫非底下是两股泉水,力量相敌,所以中间挤出这一线来?"那士子道:"这泉见于著录好几百年,难道这两股泉的力量,经历这久就没有个强弱吗?"老残道:"你看,这线常常左右摆动,这就是两边泉力不匀的道理了。"那士子倒也点头会意。

然而,由于季节的不同、泉水盈亏的差异,"金线"似乎从来就不是想看就能够看到的。金代学者元好问在金朝末年游历济南期间,就特意留宿于金线泉边,渴望一睹闻名于世的金线奇观,结果三四天过去了,他也没有见到,大失所望。

生于济南、长于济南的张养浩,虽然也前后多次观临金线泉,但遗憾的是,也始终未能目睹金线奇观。孰料,此次与马克修总管同游,竟看到了难得一见的金线,不觉喜出望外,即兴赋《乘传过家同马克修总管宴金线池》一诗,以记此行:

金线泉

皇皇使者车,每出每匆遽。
兹行谅多暇,值胜辙少住。
而况父母邦,所与多旧故。
张宴临芳池,人影乱波素。
华堂翳歌云,香玉蘸杯露。
丁于来远岑,历历散层树。
累累泉引珠,奕奕风起絮。
旧闻金线奇,屡至未曾遇。
川妃若余夸,一缕出容与。
因知穹壤间,灵异固无数。
寒冰乃生蚕,烈火能浣布。
沧溟有楼台,弱水不毛羽。
伊谁亭毒司,拟欲扣其故。
题诗池上亭,他日记分聚。

诗中叙述了张养浩虽然行色匆匆,但还是忙里偷闲,看望家乡的好友,游览故乡的山水,悠闲自得,尤其是见到了"屡至未曾遇"的金线奇观,实在幸运。于是题诗池亭,以为纪念。

泛湖高歌碧波情

"四面荷花三面柳,一城山色半城湖。"号称"绝胜之景"的大明湖,也是张养浩每次与朋友赏景作诗的必游之地。大明湖四季如画,洁净的水面,弥漫着摄人心魄的氤氲之气。汇波楼、历下亭、北渚亭等,都是张养浩与朋友把酒言欢、畅叙胸臆的好去处。

游大明湖少不了泛舟。张养浩有一首《大明湖泛舟》,极言泛舟湖中的乐趣:

大明湖近照

浮空氾景沂流光，箕踞船头倒羽觞。

唤出湘灵歌一曲，水云摇荡暮山苍。

游船迎着波光与日光，浮动在湖水上，就像冯虚御风一样轻快舒适。坐在船头，伸开双脚，水击脚心，开怀畅饮，令人充分享受泛舟荡水的乐趣，尽情于这诗酒湖波，神采飞扬，心旷神怡。张养浩情不自禁地吟唱《大明湖泛舟》一曲：

画船开，红尘外。人从天上，载得春来。烟水间，乾坤大，四面云山无遮碍。影摇动城郭楼台，杯斟的金波滟滟，诗吟的青霄惨惨，人惊的白鸟皑皑。（《中吕·普天乐》）

位于大明湖畔的历下亭，面湖临水，景致幽雅。唐代大诗人杜甫陪李北海宴游历下亭时，两人赋诗唱和，留下了"海右此亭古，济南名士多"的千古名句。张养浩多次来此游玩观赏，每每流连忘返。如今再次登临，张养浩不禁感慨万千，遂即兴写下了《登历下亭》诗一首：

童年尝记此游遨，邂逅重来感二毛。

翠绕轩窗山陆续，玉萦城郭水周遭。

> 风烟谁道江南好，人物都传海右高。
> 怪底登临诗兴浅，鹊华曾见谪仙豪。

诗中描写了张养浩多次游大明湖、登历下亭只为了见这感人至深的湖光山色：远山近树，明湖碧流；湖阔亭幽，翠绕轩窗。历下亭的美丽风光激发了张养浩热爱故乡山水的自豪感情。而这酷爱故乡山水的感情，又蕴含于诗中，绽放出美的艺术魅力。

至治初年，好友元亨赴江西转运判官途经济南之时，特地看望张养浩。他们同游大明湖、历下亭等济南胜景，诗赋唱和，共叙友情。元亨离别之际，张养浩作长诗《和元亨之签事登历下亭韵》相送：

> 漾漾东冈陂，历历北山道。
> 于河浣烦缨，胜处喜同到。
> 有亭翼穹窿，揭以历下号。
> 衰龄怜危攀，未免扶且导。
> 于时方旱乾，千里无寸潦。
> 凭栏身世忘，群景信天造。
> 云锦相萦迴，水禽互翔噪。
> 迩峰纯浸屏，遐树乱排纛。
> 天舆几今古，依旧泺湖隩。
> 不见捉月仙，岚秀想应耗。
> 悠悠割据人，谁驯复谁骜。
> 缅思牛后嬴，何若鸡口部。
> 玄德仰帝虞，凶威鄙臣莽。
> 方来当自图，已往讵庸悼。
> 须臾客踵至，先历却怀懊。
> 雄谈激懦柔，虎尾欲甘蹈。
> 盘飧留众宾，孰谓少陵傲。

> 兹游起余多，外静内还躁。
> 云天为增高，烟水亦加奥。
> 蛟龙时啸吟，樵牧任冲冒。
> 何当分宪回，盍簪续今好。

在京共事的好友李泂曾在大明湖边建"天心水面亭"，也成为张养浩游大明湖时经常停留小憩之地。有一次，张养浩在游大明湖时，再次造访天心水面亭，与好友在亭中饮酒赋诗，遂成《过李溉之天心亭二首》：

> 久别天心水面亭，风生吟袖喜重登。
> 谪仙将月游何处，揖徧云山问不应。
> 放眼乾坤独倚栏，古今如梦水云闲。
> 南山也解留连客，直送岚光到座间。

汇波楼台抒胸怀

位于大明湖北岸的汇波楼，也称"会波楼"，因众多名泉之水汇流至此而合，故以"汇波"为名。这里也是张养浩与朋友游览较多的去处之一。张养浩认为："盖济南形胜，惟登兹楼，可得其全焉。"登上此楼，环顾群山，南可眺历山群峰，北可望华鹊诸巅。俯瞰湖水，澄蓝碧绿，含光倒影，宛如图画。若是傍晚登临，夕阳艳照，波光粼粼，归舟晚棹，更令人心旷神怡、陶醉不已，这便是著名的济南八景之一"汇波晚照"。

友朋相聚，极目眺望，把盏言欢，有说不完道不尽的乐趣。为此张养浩留下了多首登临之诗。如他在《同乡友宴会波楼》诗中写道：

> 久处红尘眼倦开，飘然今喜到蓬莱。
> 春风碧水双鸥没，落日青山万马来。
> 柳外行舟喧鼓吹，途中过客指楼台。

一时人境俱相称,却恐新诗未易裁。

汇波楼与周围山水相映,如巨幅图画,千景生辉,构思巧妙,耐人寻味。张养浩在《登会波楼》诗中写道:

吾郡山水窟,奇胜闻未尝。
于何得全观,兹楼水之阳。
群峰闯城郭,飞栋相颉颃。
影倒冯夷宫,锦乱天孙裳。
明湖一神镜,照万无留良。
华鹊乃后驱,使我背若芒。
欲举酒相嘱,仿佛双龙翔。
形势信绝美,求称惭德凉。
虽云生长兹,会少离寻常。
桑梓尚敬止,况乃十二强。
何当弃官归,扁舟永徜徉。

他在另一首《登汇波楼》中也说:

大明湖北水门与汇波楼

何处登临思不穷？城楼高倚半天风。

鸟飞云锦千层外，人在丹青万幅中。

景物相夸春亘野，古今皆梦水连空。

浓妆淡抹坡仙句，独许西湖恐未公。

在这首诗中，张养浩描写汇波楼高高地倚立在半空微风之中，站在楼上仰视天空，只见彩云万朵，群鸟在天空翱翔，好像飞出千重云锦之外一样。登楼眺望远山，俯观近水，犹如一幅幅图画，游人宛如在美丽的画卷之中。尤其是从汇波楼看大明湖，碧绿的湖水倒映着远山，清丽的水面上飘来阵阵花香，张养浩情不自禁地吟唱道：

四围山，会波楼上倚阑干，大明湖铺翠描金间。华鹊中间，爱江心六月寒。荷花绽，十里香风散。被沙头啼鸟，唤醒这梦里微官。（《双调·殿前欢·登会波楼》）

泰定初年，汇波楼因历经雨水楼阁朽腐。济南达鲁花赤都氏斥资重加修葺，焕然一新。受都氏之邀，张养浩写下了《重修会波楼记》。他说："吾乡山水之胜，名天下。代之谈佳丽者，多以江左为称首，畴尝游焉。南方之

荷香大明湖

汇波楼

山,大概肖其风土,沉雄浑厚者少,秾鲜清婉、靓庄雅服之比,道路相望。惟吾乡则兼而有之。"他赞誉济南山水既有南国风光的浓艳清丽,又有北国风光的雄阔浑厚。站在汇波楼上,南眺历山,"迤岚突翠,虎逐龙从";北望华鹊诸峰,"屹然剑列,峭拔无所附丽"。此情此景,"可愕、可诗、可觞、可图",令人心旷神怡、超凡脱俗,全然忘却世俗之喧嚣、胸中之郁闷。张养浩感慨人的一生,只要孝亲、忠君、有功于世,便可与山水并存、死而不朽。

湖光山色令人陶醉,更净化人的心灵。张养浩情不自禁地吟唱道:

恰阴,却晴,来往云无定。湖光山色晦复明,会把人调弄。一段幽奇,将何酬应?吐新诗字字清。锦莺,数声,又唤起游山兴。(《中吕·朝天曲》)

趵突泉、大明湖的绮丽风景使张养浩诗意盎然,更令其游兴大发,游罢水,再登山。

登高能赋壮心志

古人言:"智者乐水,仁者乐山。"济南群山环绕,层峦叠嶂,是张养浩接待朋友、与友朋临山登高以抒情怀少不了的去处。

游华山

从云庄东望15公里处,但见平地起峰,犹如利剑,雄峙于小清河之上,这

赵孟頫《鹊华秋色图》局部

就是闻名千古的华山,又称"华不注山",也称"金舆山"。

华山山势孤秀,周围湖水环绕,稻畦莲荡,如虎牙桀立、芙蓉秀出。唐代诗人李白就有"昔我游齐都,登华不注峰"的诗句。华山之所以著名,还因为这里曾是春秋时期齐晋"鞍之战"的古战场。

华山庙宇环立,有龙王庙、三皇宫、三元宫、关帝庙、泰山行宫及净土庵等宫观,统称华阳道观或华阳宫。华山久负"孤嶂凌霄"之名,与鹊山共同组成济南八景之一"鹊华烟雨"。

华山刻石

金元时期,大明湖、鹊山湖、华山湖水道相通,一帆直达,到此游览非常方便,所以张养浩亦多次携友游览华山。他曾即兴赋《游华不注》一诗说:

苍烟万顷插孤岑,未许君山冠古今。

翠刃劃云天倚剑,白头归第日挥金。

攀援直欲穷危顶,歌舞休教阻盛心。

星月满湖归路晚,不妨吟棹碎清阴。

诗中歌咏华山孤峰凌烟的英姿,如锋利的倚天长剑直插云霄,峭拔峻绝,高耸入云。华山可与湖南洞庭湖畔的君山(又名洞庭山)相媲美,令人陶醉其中,流连忘返。

游龙洞山

延祐四年(1317),时任礼部侍郎的张养浩回乡省亲时,与济南的朋友十余人结伴畅游久负"山之绝胜"之名的龙洞山。

龙洞山位于济南城区东南方向约15公里处,原名"禹登山"。传说上古唐尧时代,历山脚下汪洋一片,有条恶龙在此兴风作浪,造成水患,百姓苦不堪言。后来大禹治水,排尽洪水,恶龙亦无处藏身,遂潜藏于东南山涧石洞中。大禹追至山涧,入洞擒拿。一番打斗后,恶龙终被大禹降服,从此改邪归正,不再兴风作浪,而是应人们所求呼风唤雨,造福人间,由此留下了"大禹伏龙"的传说。恶龙应人降雨,赢得尊重,人们便在此建起庙宇供奉,名"龙洞庙",又名"灵虚宫"。龙逃遁藏身的幽深涧沟,被称为"藏龙涧",峭壁

济南龙洞山

间东西相通的山洞,被称为"龙洞",山也得名"龙洞山",或叫"禹登山"。早在唐宋时代,这里就已经成为游览胜地。

龙洞山一带,峰峦叠嶂,山势峭拔,翠柏悬生,荆榆点洒,洞幽谷深,云雾缭绕。深涧两侧,山势奇绝,巨峰危立。前有老君崖、凤凰台,环拱如门;后有独秀峰、三秀峰,突兀高耸。锦屏崖陡峭如削,巉岩横展。岩壁上镌刻着"壁立千仞""白云无尽""锦屏春晓"等巨幅大字,苍劲潇洒,气势雄浑。崖下有始建于晋代的寺院遗址,峭壁上镌刻着苏轼手书的"敕建龙洞寿圣院"大字。由深涧登上山顶,环顾群峰,就像飘浮在仙境之中,心情为之愉悦,身体为之轻松,有飘飘然之感。因此处幽雅静谧,沟壑盘踞,庙宇、石塔、瀑布、甘泉、悬崖、石刻、山花等点缀其中,增色生辉,形成济南八景之一"锦屏春晓"。遨游此处,可无拘无束地在密林中穿越,自由自在地在山水间徜徉,尽情享受藤萝绿野、碧水深涧、峻岭崇山、纵横沟壑的原始野趣。清代著名学者孙星衍曾咏诗赞曰:"我游龙洞惊奇绝,画不成图口难说。"

张养浩欲进久负盛名的龙洞一探深浅。有的人胆怯,不愿进。有的说里面幽黑,没有烛火无法进洞。于是富有冒险精神的张养浩令随行的年轻童仆找来荄蒿树枝扎成火把,点燃火把在前面引路。进入洞口初段,山洞高敞穹窿,可

龙 洞

以畅意行走；往前走，山洞变狭变低，就得低头行走了；再往前走，洞身忽敛忽舒，就得弯腰而行了；越往里走，山洞曲折盘桓，洞身越来越矮，就得用膝盖跪爬了；再往里面走，洞深邃幽奥，就得趴在地上像蛇一样前进了。恰巧这时，用来照明引路的火把熄灭了，浓烟一下充满洞中。现在想要退出，一行人身接身退不得。只能向前进，山洞却越来越狭窄难行。加上浓烟弥漫，大家只好闭紧嘴巴、捂住鼻子、屏住呼吸。此刻的张养浩心里充满了害怕惊恐，自以为要在这里丧命，出不去了。于是他大声喊叫，让后面的人跟紧。山洞里烟雾呛鼻，没有人出声应答，这使张养浩倍加惊恐。绝望之中，张养浩忽然看见前面出现一丝光亮，这才意识到离洞的出口已经不远了。于是，他们奋力屈身向前，一个个像鱼虾跳水般，脱身而出。出洞以后，众人有哭泣掉泪的，有悔恨詈骂的，有互相嘲笑的，有张大嘴拼命呼吸的，有跺地发誓从此不再入洞的，个个都像经历了多大磨难而幸运地活着一样，高兴得以手覆额、脱帽光头，纷纷诉说其狼狈相。没有进洞而在洞外宴饮的人，这时连忙跑过来举杯，对每人敬上两杯酒，名之曰"定心饮"。

游过龙洞后，张养浩一行又前往龙洞东南侧的佛峪胜景赏玩。这里也是四面环山，重峦叠嶂，林木葱郁，清泉淙淙，古寺深藏，环境清幽深秀。此处有相传大禹驻足的"禹王台"，高崖之下有创建于隋代的古老寺院"般若寺"。崖壁上散布有隋唐以来开凿的洞窟佛像、摩崖石刻以及游客题字等。边走边看，不觉已是夕阳西下，大家尽兴而归。

对这次难忘的登山经历，张养浩事后专门写了《龙洞山记》一文，详记其事。他在记文中说，相传当年韩愈登华山，到达顶峰后受阻三日下不了山，吓得放声大哭，并写下遗书。他曾怀疑此事的真假，但从登龙洞山的经历来看，韩愈号啕大哭这件事可确信无疑。他还别有感触地认为，"不登高，不临深"，圣人之训是多么鲜明深刻啊！

游标山

从云庄西眺数里，有标山、凤凰山、紫金山之望，诸山为"齐烟九点"之属,更是张养浩经常登临之处。至治三年(1323)的一天,张养浩与学生谕立、童仆为伴,西游标山、凤凰山。标山因山势矗立、若标杆可望而得名。山并不高大,也无浓密的树木。唯巨石裸立,山势陂陀。登山攀崖,会令人气喘吁吁,但到达山顶之后,坐在山石凸额之上,放眼四野,陡然使人产生超然物外之感,身上像长了翅膀,好像要飞到尘世之外一样。踞此山上,再环顾四周群峰,好像触手可及。远眺东南方向历山诸峰,山势连绵起伏,气势雄伟。近望鹊山、药山众山,则略显孤单飘零。山脚下有数条小河萦绕流过,碧波辉映,像一条条横在原野上的白色绸带,又

济南标山

像是一条条不断滚动的玉绳,时而分开,时而汇合,宛如一幅美妙的山水画。张养浩不由得感叹:"郊外可登眺者,莫此胜焉!"

游完标山,他们又到了紧邻标山的凤凰山。此山原名也叫"标山",后人为区别两山,遂改名"凤凰山"。此山山势虽陡,但容易攀登。山上有洞若屋,可避风雨。张养浩一行到洞中坐下,摆开酒食,一边饮酒,一边吟咏古诗,顿觉心闲情适。张养浩享受着消闲的乐趣,胸怀幽雅的情思,宛如与山间蒸腾的烟岚相暗合,感觉与大自然融为一体。忘世忘形,物我同化,不知道是山变成了我,还是我变成了山。见张养浩游哉乐哉,高兴异常,作为弟子的谕立起身敬酒,说今天之游,不可以无记。张养浩遂即兴书《游标山记》,赠予谕立,以志纪念。

济南凤凰山近照

后来,张养浩还多次携谕立登临标山,留下《同谕仁本登标山》等诗作:

> 香风吹袂落岩花,步尽红云景益佳。
> 龙虎郊原山障日,凤麟洲渚水明霞。
> 蓝田有玉常春色,石室无人漫岁华。
> 从此风烟添胜概,老夫绝壁醉挥鸦。

游紫金山

距云庄不到2公里的紫金山,也是张养浩经常去的地方。紫金山原名"紫荆山",山体东西长有四五十米,南北宽有三四十米,高有二十多米。山顶东北角有青石崖,宛如老虎头,有一块较平坦的青石人称"老虎床",旁边的一个山洞就被称为"老虎洞"。

张养浩携学生谕立、儿子张引、侄孙张止等游紫金山时感触颇深,写下了《游紫金山记》一文。文中说,紫金山周环仅二亩多,是一座范围不大的山。但山体平地隆起,不峻而孤,山石苍翠,松槐茂密。山与周围的土地为刘氏庄园所有。刘家在山上盖了一座凉亭,供人登山休憩观览。刘氏是金朝末年

《游紫金山记》书影

的进士,他有一个儿子刘器之,为人气宇轩昂,踌躇满志,游学在外,不料英年早逝。刘氏此后家境破落,贫以无继,要出售这处家产。这时就有人对张养浩说,云庄离此非常近,何不趁机把此山买下?张养浩说他与刘器之有朋友之交,刘氏家道中落,已经令人悲伤不已,更遑论乘人之危,去拥有别人的财产呢!即便是买下来,有山可登,有水可赏,也未必使人快乐。张养浩为此还列举范仲淹归老洛阳拒买田产的故事,以此教育子孙。他认为,人生在世,不能沉湎于物欲,不能为外物动摇心志,而要独善其身,以道义之乐为乐。

泰定三年(1326)秋,与张养浩有师徒之谊的同乡学子蔡祐出任般阳路(今山东淄博淄川)儒学正,特意前往云庄告别。蔡祐,字天祥,历任德州齐河县儒学教谕、河间路临邑县儒学教谕,升般阳府路儒学正。张养浩与蔡祐在绰然亭相叙,并写了《送蔡天祥之般阳路儒学正序》,以为鼓励。

送别了情意相投的朋友,送走了朝夕相处的学生,站在高高的城楼上,身处济南深秋的傍晚,金风萧瑟,白露凝霜,夕阳西下,这令张养浩产生一股伤

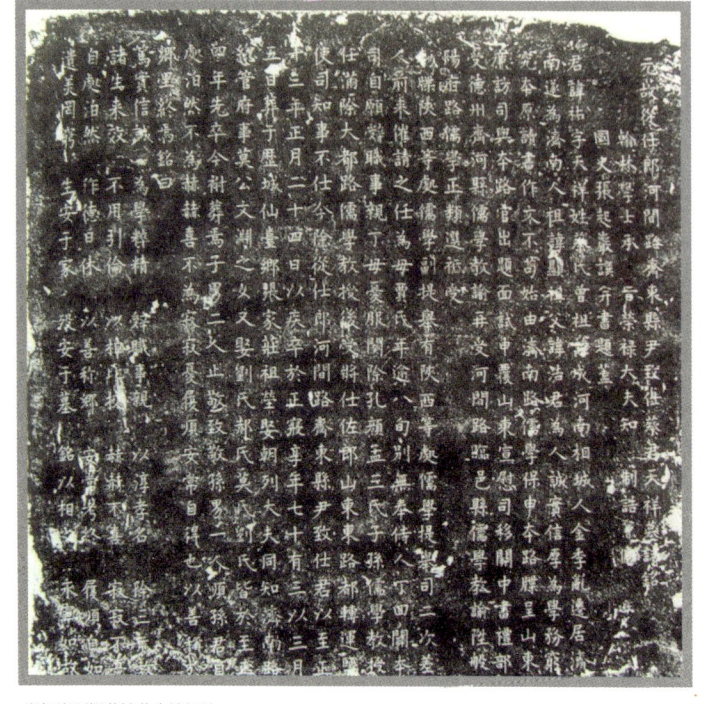

张起岩所撰蔡祐墓志铭拓片

今怀古、迷茫迟暮的心情,他随口吟道:

> 禹迹茫茫画九州,斜阳古意满林邱。
> 啸呼风月来诗卷,醉挽山河入酒瓯。
> 华发半簪天与老,丹枫两岸水分秋。
> 逢人莫话功名事,且道甘心落魄休。

张养浩这首《城楼晚眺》以神来之笔,把壮丽的自然景色绘入诗卷之内;以醉翁之意,把山水之情寄寓杯酒之中。自己虽已"华发半簪",但却无意"甘心落魄",哀婉迷茫情调中显现"老骥伏枥"的雄心壮怀。

JINAN 济南故事

第九章

七聘不出传美名

今济南市省府前街红尚坊泰府广场一带,曾有一条名为"尚书街"的小巷。巷内坐落着张养浩的一处名为"七聘堂"的故居,而有名的"七聘堂"就记述了张养浩辞官家居济南期间,朝廷七次征聘而不出的那段历史佳话。虽早已时过境迁,但张养浩不恋名利、隐居家乡的高尚情操却永存在历史的长河中。

荣华休恋归去来兮

元英宗至治元年(1321)的夏天,大都似乎热得比往年早。闷热的天气令人有些心烦意乱。早在三月底四月初,英宗就带着后宫与一班亲信大臣,按惯例移驾上都避暑去了。皇帝虽然不在,但大都的朝廷各部机关还是照常运行,政务仍按惯例处理。六月的一天,正在中书省参议府忙于政务的张养浩接到来自家乡济南的信——年迈的父亲病了。

父亲患病的消息令张养浩焦虑不安。他深知,父亲张郁自少勤劳,16岁便挑起全家生活的重担,谋生育子,十分艰难。父亲殚精竭虑,不仅挣下了一份丰盈的家业,而且还教育子孙长大成才。而自己在朝为官,却常常身不由己,离家时多,回家时少,没能抽出多少时间在家侍养父母。自古便有"忠孝两难全,百善孝为先"之言,如今应该是他尽孝道、侍双亲的时候了。再三思虑之下,他向朝廷奉上奏章,提出辞职告假,回家侍亲。

元英宗17岁就登上帝位,励精图治。此时正当顺理朝纲、推行新政、起用汉儒的用人之际,他起用张养浩为参议中书省事,入居枢要,准备委张养浩以大任,正是看重张养浩的人品、才华和处政能力。如今张养浩告假辞职,对英宗来说真的不是个好消息。英宗内心有些不情愿。但熟

《七聘堂记》原碑拓片

谙汉语和儒家文化的英宗也明白，张养浩因父亲病重而告假，于情于理都没有什么不妥当的。英宗也没有挽留他的更好借口，只好允准张养浩辞职还家。

张养浩思亲心切，马不停蹄地奔赴济南。回家以后，张养浩侍奉亲人，宴请朋友，十分忙碌。他一次次携友邀朋，赏玩领略家乡秀美的湖光山色，怡然之情溢于言表，忍不住吟诗赋曲，倾诉心中的喜悦。他所作散曲《越调·寨儿令·辞参议还家》及其序云："连次乡会十余日，故赋此。"曲词曰：

离省堂，到家乡，正荷花烂开云锦香。游玩秋光，朋友相将，日日大筵张。会波楼醉墨淋浪，历下亭金缕悠扬。大明湖摇画舫，华不注倒壶觞。这几场，忙杀柘枝娘。

曲词中描绘出一幅夏秋之交的济南美景：水碧山青，风光旖旎。张养浩摇着画舫泛游于大明湖上，湖水就在脚下流过，在历下亭中听着小曲，在汇波楼里饮着美酒，这是何等逍遥自在、令人神往啊！

张养浩回家侍奉在父亲身边，张郁的病似乎也减轻了一大半。尤其是在张郁八十大寿之际，张养浩又精心安排，广邀亲朋好友，还专程请了戏班为父亲祝寿。寿宴场面隆重热闹，排场盛大。不仅张氏家族的亲戚朋友都到了，张养浩的许多同僚也亲自来给张郁祝寿，无法亲自到场的好友也都以书信致贺。昔日好友、浙东文士袁桷就特地写了祝寿长诗《寿张希孟父郡侯八十二十韵》，盛赞张郁是"寿骨英先耸，庞眉厚德充"，称颂其"积庆先猷远，诒谋晚福丰；灵椿培世范，玉树挺家风"。朝中新晋进士吴师道敬佩张养浩的道德文章，虽人在京城，也赋诗颂贺，以"名冠济南士，书藏圮上篇；家庭台辅出，茅土国封延"之句，称颂张氏家族门楣高第，表达了对张养浩的敬慕之情。寿日这天，前来贺寿的宾客很多，热闹非凡，宾客们频频举杯畅饮。偌大的云庄别墅，充满了欢声笑语。

张养浩回家以后，尽心侍奉年已八十的父亲张郁，每天嘘寒问暖。在后来所写的《辞参议还家》诗中，便显露出他侍亲尽孝的心怀：

袁桷祝寿诗书影

平昔微官本为亲,归来一意奉常珍。
都将丹漏门前晓,办作斑衣膝下春。
忠孝谁云难遂意,始终今喜得全身。
呼儿为我修园圃,从今无心走世尘。

张养浩在诗中表示,他入仕为官的本意就是为了奉养亲人,而今辞官归里,就更应专心致志地孝敬父母。他要把施政侍君的情怀与精力,化作同孝亲典范老莱子一样的侍亲行为,为父母增寿添欢。虽然说忠孝不能两全,但出仕是辅助明君,返家是侍奉双亲,自己基本做到了忠孝两全,这让他感到无比欣慰。

然而天有不测风云。从英宗至治元年(1321)十月开始,张郁的身体状况便逐渐恶化。张养浩在老父床前尽心服侍,亲自给父亲喂汤喂药,不离开半步。可是谁能想到,就在此时,朝廷任命张养浩为吏部尚书的诏书送来了。

手中捧着朝廷的诏书，看着躺在床上的老父亲，张养浩陷入"忠孝两难全"的境地。君子立身，以孝为本；臣之立朝，以忠为本。应该孰去孰从？张养浩深知，《易经》云"有父子，然后有君臣"，虽说君命难违，但孝慈则忠，孝先于忠。他向朝廷表明心迹：朝廷"求忠臣必于孝子之门"，为人臣不尽孝于家而能尽忠于国者未之有也，为人君不教人以孝而能得人之忠者亦未之有也；若违背礼法，就是大不孝。所以，张养浩最终拒绝接受吏部尚书的任命，请辞了朝廷的征聘。

其实，张养浩拒绝朝廷任命的主要缘由是侍奉父母，但深层原因还是想远离是非、归老隐居。张养浩17岁入官从政，如今已整整35年。35年中，张养浩在宦海中沉浮，虽无大的坎坷，却也无时无刻不谨慎处事，身处高位却也如履薄冰，毕竟今日难料明日事。

英宗至治元年（1321）十二月二十八日，张郁一病不起，寂然离世。

张郁去世后，张养浩遵从传统的孝道礼义之制，在老父墓前搭起茅屋，为父亲守孝。

张氏墓园近照

朝生政变再辞聘

随着时间的流逝,张养浩渐渐走出失去亲人的低谷中,专心整理自己的著述与经营心仪的"云庄"别墅。可谁又能料到,张养浩还未过守孝期,朝廷第二次征聘其入京的使臣又到了。

原来,年轻气盛的英宗即位以来,大力改革朝政,不仅制定颁行了新法《大元通制》,罢汰冗官,精简机构,节省冗费,减轻了民众沉重的赋役负担,还着力推行"以儒治国"的方略,大力提拔汉儒官吏任职枢要,并下诏在全国范围内"举善荐贤","搜访山林隐逸之士为朝廷所用"。正是在这一政治背景之下,元朝廷起复张养浩为吏部尚书,召他入京。

此时,张养浩重孝在身,家居守制未满。朝廷连续以吏部尚书征召,如果应召,张养浩则会违背以孝立身的人伦孝道;但不应召的话,他也会背负不忠的罪名。张养浩面临着两难选择。经过再三考虑之后,张养浩写下一首《制中辞吏部尚书》诗,表明自己身居守制之意,请使臣带回复命,力辞吏部尚书之聘。他在诗中委婉地表达:自己实在没有什么能让朝廷看重的,不过是浪得虚名罢了;三年中有两次征召已经是皇恩浩荡,自己诚惶诚恐;可无奈有孝在身,实在是难以做到忠孝两全;朝廷已在广纳贤才,自己衰老病体,恐玷污了朝廷以孝治天下的风气。张养浩期盼朝廷体谅他的难言苦衷。

由于张养浩是以居丧守制未满的正当理由辞召,元英宗不好勉强,更无法怪罪,只好准其辞聘,不再强求。

至治三年(1323)秋,元朝廷再次发生帝位争夺的内斗。元英宗八月初结束上都巡幸后,启程南返大都。八月四日的夜里,抵达距上都以南15公里的第一站南坡后,英宗挑灯夜读。忽然,帐外传来一阵骚乱,随后御帐门被人一脚踹开,一身鲜血的英宗大舅哥铁失率数人闯入。还未等英宗开口责问,铁失便当胸一刀,凶狠地将英宗刺杀在御床之上。

原来,这是以御史大夫铁失和怯薛长失秃儿、也先帖木儿为首的蒙古贵族势力发动的一场夺取元朝最高权力的军事政变。

杀死英宗及其亲信大臣后，铁失等人拥立英宗的叔父也孙铁木儿即皇帝位，改元"泰定"，是为泰定帝。这次皇位更迭史称"南坡之变"。

泰定帝即位后，在清除威胁帝位的贵族势力的同时，仍继承英宗文治天下的方略，积极笼络汉族士人为朝廷服务，实施"以文治国"的政治策略；同时加强思想文化统治，恢复太庙一岁四祭的古制，重建辅翼教育皇太子的詹事院，以笼络富有治国之才的有识之士。泰定帝还正式建立经筵制度，广招汉族儒士和文学之士参政议政。在此背景下，就有元朝廷第三次征聘张养浩入朝之举。

泰定元年（1324），元朝廷遣使以"中奉大夫太子詹事丞兼经筵说书"的任命征召张养浩入朝。新皇帝即位，期待政治贤明、万象更新的张养浩没有再拒绝。他做了充分准备后，北上入朝。这次，张养浩与随行人员走水路，通过运河一路北上。走水路虽然较便捷，但张养浩还是备尝艰辛。张养浩在《御河舟中》一诗中就写下了"水路苦多阻，扁舟之字行"的困苦景况。

张养浩等人行船入御河至通州小歇。通州离大都已很近了。这时，张养浩的在京朋友以及他的学生许有壬等人，听闻张养浩来京赴任，急忙赶到通州专程迎接。旧友、师生相见，自然兴奋异常。张养浩与许有壬更倾心畅叙，聊了一整个晚上。这一晚两人究竟谈了些什么，并没有在历史文献中有所记载，只是说张养浩见了许有壬等人之后，态度突然来了个一百八十度的大转弯，就以生病为由回归故乡。

泰定帝即位诏

张养浩塑像

据推测，促使张养浩半途而归的主要原因，很可能是张养浩从与许有壬等人的交谈中，了解到了"南坡之变"的内幕及朝政现状，遂改变初衷，效仿陶渊明，不事新朝，远离官场，归田隐居。由此，张养浩也坚定地拒绝了此后的第四次征召。

泰定二年（1325），元朝廷针对全国各地治理混乱、民生凋敝、"盗贼"丛生的社会现状，派出诸道肃政廉访使清查治理各地行政乱象。张养浩被朝廷以江北淮东道肃政廉访使相召，这已经是"五年五召"了。

听到朝廷又有对张养浩征聘的消息后，张养浩的亲朋都表示祝贺。但对这次征召，张养浩还是拒绝了，这又是为什么呢？他在《乙丑山中拜诏》一诗中说："门外传呼诏，堂前散尽云。恩荣被林木，惶惧到鸥群。才拙疏经济，学荒寡见闻。五年凡五聘，深愧报无勋。"其主要意思是说，自己的学术荒芜，现在是孤陋寡闻，才疏计拙，只有燕雀之志，深怕辜负了朝廷的期望与厚爱。其实，不可否认的重要原因，还是张养浩希望继续其恬淡悠闲的田园生活。

泰定三年（1326）九月，朝廷第六次以翰林学士之职相召。虽然张养浩仍坚卧不出，但他却对这次朝廷征聘多次提及。如在《山中拜除自和》诗中说："角巾忆昨故乡来，黄菊西风六见开。"《绰然亭落成自和》诗中云："山林六枉使星车，惭愧功无一可书。"《遂闲堂独坐自和》诗中也说："六载丘园凡六召，小臣何德圣恩堪。"张养浩表达出朝廷虽然没有忘记自己，但令人惭愧的是自己无德无功，枉担虚名。

元文宗天历二年（1329）正月，朝廷第七次以二品清要之职翰林侍读学士征聘张养浩入朝。但此时，令张养浩动心的不是功名利禄，而是坚守已达8年之久的田园生活，所以他再次辞谢朝廷征召。

在张养浩辞官后的8年中，朝廷七下征聘诏书，张养浩七次坚辞，展露的是张养浩对孝道理念的尊崇力行，对田园生活的倾心向往，对家乡故土的无限热爱。

第十章

JINAN 济南故事

〰

关中赈灾卒任上

马蹄声疾,惊起云锦湖边鸥鹭群飞。

元文宗天历二年(1329)正月初的一天,当人们还沉浸在过年的喜悦中时,朝廷征聘张养浩出山还朝的使节便再一次莅临济南云庄别墅,诏命他出任陕西行台御史中丞。这已经是朝廷第八次派遣使节征召张养浩入京赴职了。

闻命诀母亟西去

自英宗至治元年(1321)张养浩的父亲去世以后,张养浩守制归隐云庄已达9个年头了。

在这长达9年的岁月间,元朝廷内走马灯似的换了5任皇帝。先是英宗,在位不到3年被杀,由泰定帝继任。接着是天顺帝、文宗、明宗绍继大统。而每一任皇帝即位后,都没有忘记张养浩这位德高望重、清正廉明、政绩突出的朝之重臣,期盼他能够出山,辅佐朝政,正像当时学者苏天爵在《七聘堂记》中所说的:"朝廷重其名德,七遣使者聘之。"也正如张养浩自述的那样,初有"三年两见征,颜厚甲九重",继有"五年凡五聘,深愧报无勋",再有"六载丘园凡六召,小臣何德圣恩堪",后有"山中八九年,七见征书下日边"。朝廷征聘张养浩的官职先后为吏部尚书(正三品)、太子詹事丞兼经筵说书(正三品)、淮东廉访使(正三品)、翰林侍读学士(正二品)等,无一不是重要职务。然而,对于坚定还乡隐居的张养浩来说,高官厚禄已没有任何吸引力。朝廷的每一次征召,皆被张养浩拒绝。

孰料面对元文宗的这次征召,张养浩决定放弃安逸的生活与独善闲居的追求,应召入官。其原因就在于《元史·张养浩传》所记载的:"天历二年,关中大旱,饥民相食,特拜陕西行台中丞。既闻命,即散其家之所有与乡里贫乏者,登车就道。"

这次张养浩之所以毫不犹豫地接受朝廷征召,绝不是冲着高官厚禄去的,而是急灾民所急,欲救饥民于水火。正如他闻命后所说:"吾退处丘园,七辞聘召,闻西土民饥殍流亡,忍不起而拯救哉!"此后他在散曲小令《南吕·西番经》中也袒露心迹:"天上皇华使,来回三四番,便是巢由请下山。取索檀,略别华鹊山。无多惭,此心非为官。"拯救灾民于水火,才是张养浩接受朝廷征召的根本原因。

张养浩怀着"民陷水火,如己陷水火"的历史使命感和责任感,在接受任命以后,便打点行装,准备于天历二年(1329)正月二十四日动身赴任。

然而当张养浩向年近八旬的继母尚老夫人述说缘由道别时,尚老夫人却担心张养浩在路途上或官场上再有什么闪失,不愿他远行为官。她拉着张养浩的手边哭边说:"我已年近八十,你也年近六十,恐怕咱娘俩此别之后,再也没有相见的那一天了。"因悲切难忍,尚老夫人竟伤心而病,卧床不起。这使张养浩陷入走也不是、不走也不是的两难境地。

要知道,自张养浩13岁丧母以后,正是继母无微不至地照料他的生活起居,后又尽心操办其婚姻大事。可以说,张养浩对继母的感情,丝毫不逊于对生母的感情。张养浩也非常了解、体贴尚老夫人的苦心好意,便对她说不去做这个官了,随后写了《辞聘侍亲表》,准备上奏朝廷。在这份奏表中,张养浩表示自己并非无意为国效力,实在是身为独子要坚守孝道、居家侍母。《辞聘侍亲表》所述情真意切,表达了张养浩进退两难的困窘心情。

但尚老夫人是个深明大义的人。她明白朝命难以违抗,龙颜不容触犯,尤其理解儿子应征为臣对国家的重要,也深切体谅儿子的一片孝心。她阻拦儿子应召的初衷,其实是怕儿子一去就再也见不到她这个八旬老母了。但常言道,自古忠孝两难全,她不能为了自己而连累儿子,于是把张养浩叫至床前,硬着心肠,连声说"你是官家的人,你是官家

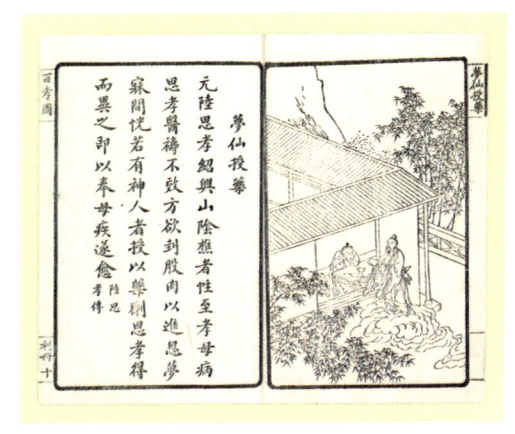

清人编绘《百孝图》所收元孝子故事之一

的人"，催促儿子放心赴任。

张养浩虽然写下了《辞聘侍亲表》，但是内心还是为身处苦难中的陕西百姓深深担忧。救一方百姓事大，囿于家事事小。解民于倒悬，济民于水火。为了国家所需、陕西灾民所需，母子亲情只能放置以后补偿了。准备交由山东宪司代为呈奏朝廷的《辞聘侍亲表》，最终被搁置一边。张养浩告别亲友，毅然赴任。

流民盈途叹今古

征召张养浩出任正二品的陕西行台御史中丞，无疑是一次重要的任命。因为陕西行御史台是元朝整个监察体系中的三大机构之一，这三大监察机构分别为中央御史台、江南诸道行御史台和陕西诸道行御史台。设在京师大都的御史台称之为"中台"或"内台"，职掌纠察百官善恶与政治得失，并直接统制"腹里"地区；江南诸道行御史台（治所建康，今江苏南京）简称"南台"，统制浙江、江西、湖广三行省，监临管辖江东、江西、浙东、浙西、湖南、湖北、广东、广西、福建、海南等十道；陕西诸道行御史台（治所奉原，今陕西西安）简称"西台"，统制陕西、甘肃、四川、云南四行省，监临管辖汉中、陇北、四川、云南四道。陕西行台所统辖的地区，为元朝西部与西南部的重要边防疆域，政治军事意义尤为凸显。

水旱之灾，是历代政府无法回避、必须设法解决的政治课题。历史上，凡是政治清明之时，虽有灾但可救；政治昏乱之际，小灾为大灾，大灾愈不可收拾。《元史·文宗本纪》记载，自泰定二年（1325）至天历二年（1329），陕西连年干旱，庄稼歉收，哀鸿遍野，饿殍塞路。据陕西行省统计，天历二年（1329）陕西诸路饥民数达123万，流民数达10万。是年五月，仅凤翔府饥民就有近20万。其中又有数以万计的人户家破人亡，幸存者纷纷出外逃荒。

在这必须选派一位重臣去镇遏一方、纾解一方之难的危急时刻，元朝廷首先想到了张养浩。其原因就在于，张养浩爱民如子的情操早在为堂邑县尹时就已名满朝廷。他殚精竭虑、全力以赴、无私无畏、赤胆忠心的为政品德，更是闻名遐迩。尤其是张养浩从来都不负众望，朝廷深信以其浩然正气、冰清节操，定能感动上苍，拯救一方生灵。

临赴任前，张养浩慷慨无私地把家里的东西分送给乡里的穷人，表达其救时弊拯民危、义无反顾、誓与灾民同艰苦共命运、攻坚克

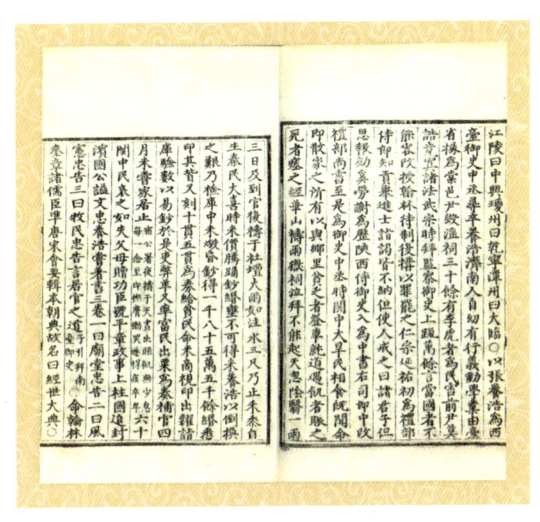

《宋元通鉴》记张养浩出任西台御史中丞书影

难、共度时艰的信心与决心。只是张养浩此去与家人乡邻一别竟成了永诀。老母的担忧不幸成为现实，真是令人唏嘘不已。

天历二年（1329）二月二十四日，张养浩从济南启程赴任，一行人由泺口乘船走水路西去。在东平县（今山东东平）西南安山镇，张养浩遇到了陕西行台专门派来迎接他的李宣使。原来李宣使是走驿路到山东的，行至长清时，得知张养浩已由水路西行，遂乘驿马追至安山。张养浩对他远道而来迎接陪伴自己表示慰问和感谢。经进一步了解得知，李宣使竟是张养浩在京师任中书省右司都事时的同事的儿子，由他陪伴赴官莅任，这使张养浩备感欣慰。李宣使年轻干练，处事谨慎细致，沿途跑前忙后，大事小情皆思考缜密、安排周到，省却了张养浩不少心思。这使张养浩非常满意。

进入河南境内，就逐渐看到流民盈路、饥民散野，这引起张养浩对朝政时局的深深忧思。当他们一行人到达洛阳时，踏上城中天津桥，俯视桥下，洛水滚滚不息地向东流淌；抬头远望，"春陵王气"已然不见。南宫云台阁上那些曾经帮助刘秀建立东汉王朝的"云台二十八将"的绘像也早已荡然无存，这使张养浩惆怅万千。洛阳自古有"九州腹地、十省通衢"之称，是一座底蕴深

厚、名重古今的历史文化之城,是华夏文明的重要发祥地。然而洛阳昔日的风光无限却以岁月流逝成为过眼云烟,这不禁令张养浩浮想联翩。他挥笔写下了笔调低沉哀婉的散曲《中吕·山坡羊·洛阳怀古》:

天津桥上,凭阑遥望,春陵王气都凋丧。树苍苍,水茫茫,云台不见中兴将。千古转头归灭亡。功,也不久长;名,也不久长。

张养浩还特意登上洛阳城北的北邙山以凭吊先朝圣贤,却见荒冢累累,碑铭残缺,难觅"风云庆会"的君臣踪迹,令人产生无限感慨。面对此情此景,张养浩遂写下又一首散曲《中吕·山坡羊·北邙山怀古》:

悲风成阵,荒烟埋恨,碑铭残缺应难认。知他是汉朝君,晋朝臣?把风云庆会消磨尽,都做了北邙山下尘。便是君,也唤不应;便是臣,也唤不应!

此曲写得含蓄义深,隐意婉转。借此曲,张养浩感叹时移事易,以抒发生寄死灭的情怀。

洛阳天津桥遗址照

当走到洛阳以西新安一带时,沿途景象更是惨不忍睹,但见众多流民携家带口,蹒跚前行。他们衣衫褴褛,鹄形菜色。路旁死者枕藉,臭闻数里,令人触目惊心。此情此景,令张养浩心酸鼻辛,禁不住泪流满面。他当即驻车察访,施以援手,命李宣使联系当地官府,组织人力,把倒毙而死者的遗体聚拢起来挖坑掩埋。而"路逢饿殍须亲问,道遇流民必细询"的所见所闻,更使张养浩悲痛难忍,夜不能寐。在烛灯前,他挥笔写下了著名的诗篇《哀流民操》:

哀哉流民!为鬼非鬼,为人非人。

哀哉流民!男子无缊袍,妇女无完裙。

哀哉流民!剥树食其皮,掘草食其根。

哀哉流民!昼行绝烟火,夜宿依星辰。

哀哉流民!父不子厥子,子不亲厥亲。

哀哉流民!言辞不忍听,号泣不忍闻。

哀哉流民!朝不敢保夕,暮不敢保晨。

哀哉流民!欲回不能复,欲前不能奔。

哀哉流民!死者已满路,生者鬼与邻。

哀哉流民!一女易斗米,一儿钱数文。

哀哉流民!甚至不得将,割爱委路尘。

哀哉流民!何时大雨粟,使汝俱生存。

清人所绘《流民图》

哀哉流民!

此时展现了当时民众逃亡求生的悲惨状况,使人如历亲目,令人满怀悲戚,感慨万端。

行至渑池时,张养浩览古赋今,缅怀兴亡,再写下散曲《中吕·山坡羊·渑池怀古》二首,其一曰:

秦如狼虎,赵如豚鼠,秦强赵弱非虚语。笑相如,大粗疏,欲凭血气为伊吕。万一座间诛戮汝,君也,谁做主?民也,谁做主?

到潼关后,张养浩驻足关隘,西望长安,更是触景生情,浮想联翩。他从潼关要塞想到了古都长安,从古都长安又想到了历代兴亡。放眼百里,思接千年,他吟出了传颂千古、堪称元曲珍品的散曲小令《中吕·山坡羊·潼关怀古》:

潼关古城西门楼

峰峦如聚，波涛如怒，山河表里潼关路。望西都，意踌躇。伤心秦汉经行处，宫阙万间都做了土。兴，百姓苦；亡，百姓苦。

此曲写得雄伟奔放，遒劲苍凉，淳朴浑厚，蕴藉深刻。此曲语气犀利而警拔，蕴含着沉甸甸的千古奇叹。曲作思绪驰骋纵横于历代王朝兴衰之间，一针见血地透出一个千古真相："兴，百姓苦；亡，百姓苦。"一个"苦"，重若千钧，含义无穷，说不完兴亡之事，道不尽民众之苦。

其后，他在《中吕·山坡羊·骊山怀古》曲中还写道：

骊山四顾，阿房一炬，当时奢侈今何处？只见草萧疏，水萦纡，至今遗恨迷烟树。列国周齐秦汉楚。赢，都变做了土；输，都变做了土。

骊山屏翠，汤泉鼎沸，说琼楼玉宇今俱废。汉唐碑，半为灰，荆榛长满繁华地。尧舜土阶君莫鄙。生，人赞美；亡，人赞美。

这些曲作写得雄健激昂，淋漓酣畅，高瞻远瞩，见解卓异，洞穿历代王朝改朝换代的社会实质，远超以往怀古鉴史之作，其睿智深邃的思想与悲天悯人的情怀，力透纸背，振聋发聩。曲作形式上为怀古，实质上是有感于现实，是作者借凭吊历史来揭示现实，其中蕴含的民本情怀熠熠生辉。

赈济灾荒夜继日

张养浩为救灾夜以继日地四处奔走。他察访灾情，巡视饥民，足迹踏遍行省近辖州县的各乡镇村所。他为灾情而心忧，为饥民而心焚。透过这期间他写下的几首散曲，可见其鲜明的忧国忧民之情。其中最为后人称道的就是包括他在赴任途中和莅任之后所作的九首怀古组曲，如《中吕·山坡羊·咸阳怀古》：

城池俱坏，英雄安在？云龙几度相交代！想兴衰，若为怀，唐家才起隋家败。世态有如云变改。疾，也是天地差；迟，也是天地差！

又如，《中吕·山坡羊·未央怀古》：

三杰当日，俱曾此地，殷勤纳谏论兴废。见遗基，怎不伤悲，山河犹带英雄气！试上最高处闲坐地。东，也在图画里；西，也在图画里。

这一首首曲作，追怀古今兴亡，王朝更替，直面社会人生，体恤百姓疾苦，揭示世态炎凉犹如白云苍狗，感叹百姓苦难令人伤心悲怀。散曲是元代广为兴起的能雅俗共赏的抒情诗形式，以歌咏山林隐逸与描写男欢女爱的内容居多，而张养浩的哀民散曲不落窠臼，别开生面，属意时局之险恶，哀叹民生之多艰，这就突破了当时散曲主要关心个人命运及隐逸闲情的传统主题，而着重关注社会现实及民生疾苦，抚今思昔，怀古哀民，抒发其忧国忧民的情感，在元散曲中可谓独树一帜，达到元散曲创作的最高水平。

然而张养浩并没有过多地沉浸于发思古之幽情。他在巡察走访之后，日思夜想，属意筹划如何恢复生产，倾心于灾民赈济。《元史·张养浩传》这样记载他："到官四月，未尝家居，止宿公署。夜则祷于天，昼则出赈饥民，终日无少息。"其心系灾民、勤奋忘我的牺牲精神，赤诚有加，难能可贵，足以感天地而泣鬼神。

为尽快摆脱灾害给民众造成的威胁，使灾民休养生息，张养浩"为民做主"，相继组织实施了以下几大措施。

一是整顿金融货币市场秩序，惩治那些滥用权力、敲诈盘剥、中饱私囊的猾吏。当时市场上一斗米值13贯钱，米价已是十分昂贵。但是当老百姓拿着钞币去买米时，却又因所用钞币使用过久致印记模糊不清或破损而被米商拒绝。百姓为此需拿着破损的旧币到官库中去兑换新钞，这给那些掌管官库的奸猾之徒营私舞弊创造了机会，常常是换10贯钞却只给5贯，且还要排队等好几天才能换到，使嗷嗷待哺的老百姓雪上加霜。对此，张养浩令人清检府库中那些收缴上来且没有损毁、图纹印记还可以看清的钞币共计1 850多万贯。他令人在这些银钞的背面盖上官府印记，同时又刻引10贯、5贯的小额钞券发放给民众，令米商凭钞币上的印记和钞券把米卖给百姓，然后到官库验明数目以兑换银两。此举使那些奸商污吏再也不敢相互勾结、鱼肉百姓,杜绝了吏弊,使老百姓拿着钱能买到粮食,切实解决百姓最为迫切的吃饭问题。

二是颁布纳粮补官、输米授爵之令,动员富户人家纳粟济民。由于连年干旱,庄稼歉收,市场上并不能提供充裕的粮食供百姓交易买卖。于是张养浩连上奏章,请朝廷动用官府的粮食储备,调拨粮食赈灾,孰料久久得不到朝廷回应。于是张养浩再献诗以请,诉之以情,晓之以理,最终赢得朝廷的同情与支持。朝廷令商贾入粟中盐,富家纳粟补官,又发运洛阳孟津仓粮8万石及河南、汉中廉访司所贮官租以赈济灾民,有效缓解了灾区缺粮问题。

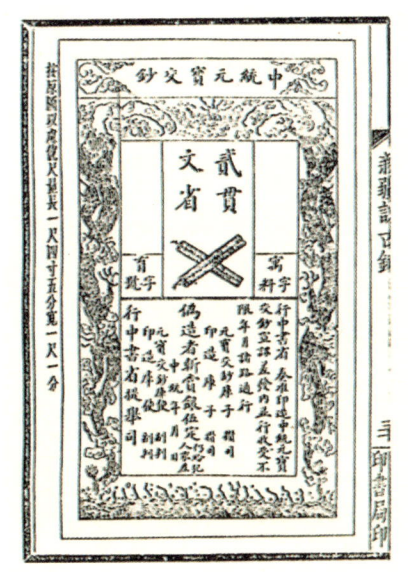

中统元宝交钞

三是官府筹粮建舍粥点以济饥民,帮助灾民渡过难关。张养浩提出此动议之初,陕西行省官员们皆反对。他们的理由是:如此一来,四方饥民必闻风而至,一旦后面供给不至,又如何去处置数以万计的流民?对此,张养浩反驳说:"即便你们说的不无道理,那也不能见死不救!"遂坚持舍粥济民。他以身作则,自己掏俸禄买粮建舍粥场。为了尽可能多地接济饥民,张养浩让李宣使负责筹划,在西安城里设三处舍粥点,作为临时应急措施赈济灾民。实践证明,舍粥效果良好,极大地帮助了灾荒后民众生活、生产的恢复。

鞠躬尽瘁卒任上

张养浩"亲登华岳悲哀雨,自舍资财拯救民"的救灾行为,忧劳忘我的勤政精神,赢得了陕西民众"满城都道好官人"的赞誉。

然而灾情的缓解，并没有使张养浩悬着的心放下来。常言道，大灾之后必有大疫。尽管张养浩已对灾后疫情有所防备，曾"命医囊药，分疗病者"，但疫情还是大面积地爆发了。由于久旱与高温，饥民羸弱，更易感染，且愈演愈烈，"三辅之民自春徂夏，由病疫而死者，殆数万计。巷哭里哀，月无虚日"。面对日益严重的疫情，张养浩忧心如焚。他带着得力助手李宣使奔走于各地，组织救治、安抚病困民众。

病疫不仅从乡间传入城厢，而且从巷弄传入公署。跟随张养浩奔走于治疫前线的李宣使因与饥民病民频繁接触，加上操劳过度，不幸感染疾疫。虽然张养浩为之千方百计救治，但李宣使还是一病不起，为救灾献出了年轻的生命。

李宣使因公殉职，这使张养浩悲痛万分。他含泪写下了《祭李宣使文》，却因悲痛不忍去李宣使灵前吊唁，遂遣行台令史贾仲干等代替自己，以清酌之奠致祭李宣使之灵，宣读祭文。张养浩在祭文中，历述自己与李宣使自本年二月在东平安山镇相遇相识后，李生追随其左右，祈雨赈灾、置场舍粥、监督库钱换易等事迹，对自己救民心切而没有顾忌李生勤不惮劳，以致染病不治而自责自愧。想到前不久，李生的父亲还亲笔来信，让其多多提携教诲李生。如今李生去世，自己将来又该如何面对昔日的同事？张养浩为此深感愧疚。当他得知李生还有一个即将成年的弟弟时，才略感欣慰，他动情地表示：若自己残年还能做几天官的话，一定要上奏朝廷，举荐李生的弟弟接任宣使之职，以慰李生之不幸，以赎自己之所失，以足李生未遂之心愿，以终李父相倚托之意。在张养浩的传世作品中，《祭李宣使文》大概是其绝笔。

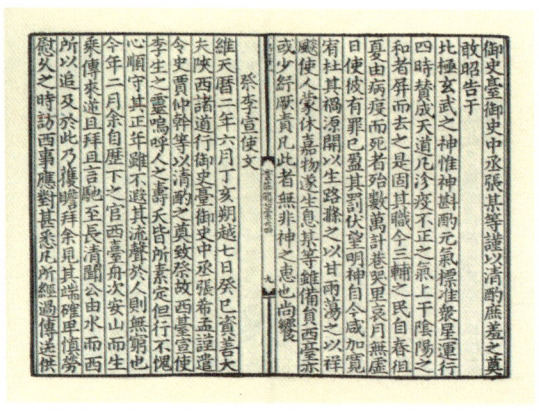

《祭李宣使文》书影

没承想，奠过李生不

久,张养浩自己也因积虑操劳过度,难逃疫病的侵袭而病倒了,竟于天历二年七月二十七日(1329年8月22日)逝世于任所,享年60岁。

张养浩的儿子张引奉旨赴陕西扶其灵柩返回济南,遵其遗嘱,与夫人郭氏合葬在张氏墓林,使张养浩魂归故里。

张养浩忧民之所忧、乐民之所乐、与民休戚与共的情操,披肝沥胆、鞠躬尽瘁的胸怀,那份对黎民百姓的厚爱,深得关中民众的赞誉。他殉职后,京兆老百姓闻之悲哀痛哭,犹如失去了自己的父母一样。在张养浩的灵柩返归故里的道路两旁,挤满了送行的民众,他们纷纷设祭祭奠,行台、行省的官员也都作祭文、挽诗,挥泪痛悼,执绋郊送,从内心深处表达对张养浩的沉痛哀悼和无限敬意。

张养浩去世以后,他生前筹划安排的赈灾粮款也都相继到位,受灾民众的生活与生产得到有序恢复,这或许令张养浩死而无憾。其实,张养浩生前最大的愿望,就是他在《中吕·山坡羊》十首中所称道的:"人生于世,休行非义。""休图官禄,休求金玉。""于人诚信,于官清正。""与人方便,救人危患。""但得个美名儿留在世间。心,也得安;身,也得安。"这些他都做到了,也得到了,足以含笑九泉。

文宗至顺二年(1331),朝廷追赠张养浩摅诚宣惠功臣、荣禄大夫、陕西等处行中书省平章政事、柱国,追封"滨国公",谥"文忠"。朝廷还为张养浩赐庙长安,得民众不时祭奠。这年三月,张养浩的乡邦在济南为之建立了祠堂,名为"张文忠公祠"。张养浩的门生黄溍所撰的《张公祠堂碑铭》竖立于祠堂之中。

到明朝初年,宋濂奉诏修《元史》,为张养浩立传。张公祠也由云庄迁入济南城内。山东巡按监察御史薛斌奉旨划定张公墓坟地3顷25亩,予以保护,并免除赋税,以供祭祀。张养浩墓园至今仍完整保存,它就位于济南北部小清河畔柳云社区的"文忠园"内。文忠园是一处坐北朝南、面山带水的城市公园。文忠园北靠滨河路,东依西泺河,西临清河路,南北河塘相抱。向四周望去:东,是高耸峻峭的华山接卧牛山;西,是生意盎然的凤凰山及标山;

位于济南柳云社区的张养浩墓

北,是波涛雄浑的母亲河黄河;南,是景色秀丽的大明湖与趵突泉。园区内的树木翠色欲滴,抽芽儿的柳条在风中摇曳,绿油油的草地像是给大地铺上一层毛毯。穿过高耸的牌坊,可见一个个栩栩如生的石雕错落有致地屹立在园内。

"张文忠公之墓"坐落在园内最北区,一代名臣、著名文学家张养浩就长眠于这片静谧的丛林之中。

第十一章

JINAN 济南故事

《为政忠告》历世传

"三事恳乎忠告兮，启万古之群蒙。"这是明代济南著名"历下四诗人"之一的殷士儋在《祭云庄张文忠公文》中对张养浩的赞誉之辞。"三事恳乎忠告"是指张养浩的三部政论著作，即《牧民忠告》《风宪忠告》和《庙堂忠告》。"启万古之群蒙"则是从文献价值和历史意义对张养浩著述的高度评价。

流传于世与汇编刻印

《牧民忠告》《风宪忠告》和《庙堂忠告》这三部书，非一时所著。按照元代学者贡师泰在《牧民忠告·序》中所说，它们是张养浩在任堂邑县尹、监察御史、参议中书省事时分别创作的："为县著《牧民忠告》，为台著《风宪忠告》，既而入相又著《庙堂忠告》。"

张养浩去世后的至正元年（1341），张养浩之子、任秘书监秘书郎的张引把《风宪忠告》和《庙堂忠告》，连同他写的跋语，一并进呈朝廷，得到朝廷"嘉纳"。

实际上在此之前，《风宪忠告》就已经作为"畅销书"在京师广为流传，成为大臣之家书架上的必备书籍。《牧民忠告》也作为为政读本在元朝官员中广为传抄。到至正十五年（1355），张引出任福建闽海道肃政廉访司佥事时，他在福建廉访使贡师泰和闽海监宪庄公的支持与帮助下，正式雕版刻印《牧民忠告》和《风宪忠告》两书，以广传天下。元末明初，张养浩的这三部著作又有更多的抄本及刊印本流行于世。

明初洪武二十七年（1394），广西按察司佥事黄士宏把《牧民忠告》《风宪忠告》《庙堂忠告》汇编合刻为一书，取名《为政忠告》。

《四库全书》本《三事忠告》书影

宣德六年（1431），河南府知府李骥重刊此编时，则命名为《三事忠告》。所谓"三事"，是指《尚书·立政》篇中所记周代的任人、准夫、牧夫三种官职。殷周时期，官之职谓之"事"。任人又称为"常任"，是掌管选择人员以充任官吏之官。准夫又称为"准人"，是掌管司法之官。牧夫又称为"常伯"，是掌管地方民事之官。清代学者王引之在《经义述闻·尚书篇》中说："三事，三职也。为任人、准夫、牧夫之职，故曰'作三事'。"

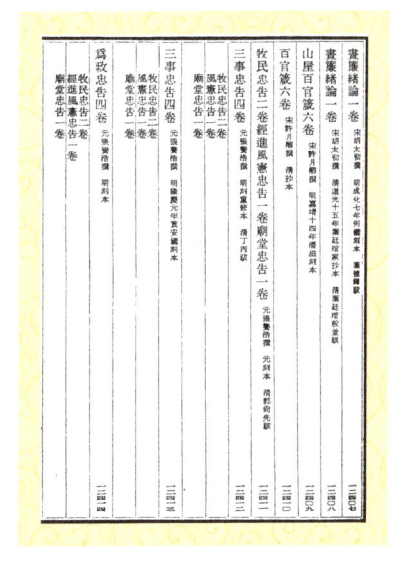

《藏书志》著录明刊《三事忠告》

清道光十一年（1831），历城尹济源在济南据元刻本付梓刊印时，书名复改题为《为政忠告》。

此外，《为政忠告》还别称《居官三书》。《为政忠告》东传日本后，日文版则题名《为政三部书·三事》，为江户时代幕府政要的必读经典之一。

作为"服官从政之要"的《为政忠告》，在文献分类中一般归属于官箴类著作。所谓官箴，官是指入仕为政，箴是指规劝告诫。官箴的内容是指对为官从政者的劝勉与警戒，论述的主要内容是居官为政所必备的职业道德规范。

清朝编修《四库全书》时，收录到"官箴"目下的著作共六部，其中就包括张养浩的《三事忠告》。在《四库全书存目丛书》目录中，共著录官箴书八部，首

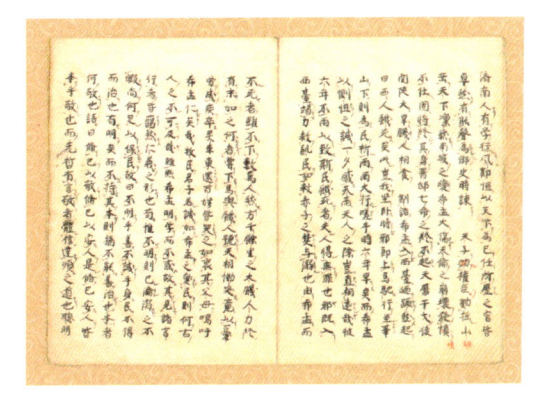

日文版《为政忠告》书影

列张养浩的《牧民忠告》，并评价说："其言皆切实近理，而不涉于迂阔。盖养浩留心实政，举所阅历者著之，非讲学家务为高论，可坐言而不可行者也。"由此可见《为政忠告》在清代学者心目中的地位。迄今，学术界更把《为政忠告》称誉为中国官箴书中的扛鼎之作。

《为政忠告》成书后，受到元、明、清三朝历代"服官从政"者的重视，流传数百年而不衰，成为一部极有影响力的著作，被历代评介为"矜式""仕规""楷式""良规""法戒""法程"等。明代学者张纶即在《林泉随笔》中说："张文忠公《三事忠告》，诚有位者之良规。观其在守令，则有守令之式；居台宪，则有台宪之箴；为宰相，则有宰相之谟。醇深明粹，真有德者之言也。考其为人，能竭忠徇国，正大光明，无一行不践其言。"

在明代，《为政忠告》已俨然成为官员之间相互赠送的礼品书。《为政忠告》之所以成为居官者书架上的必备书，或是案头工具书，就是因为其鲜明的

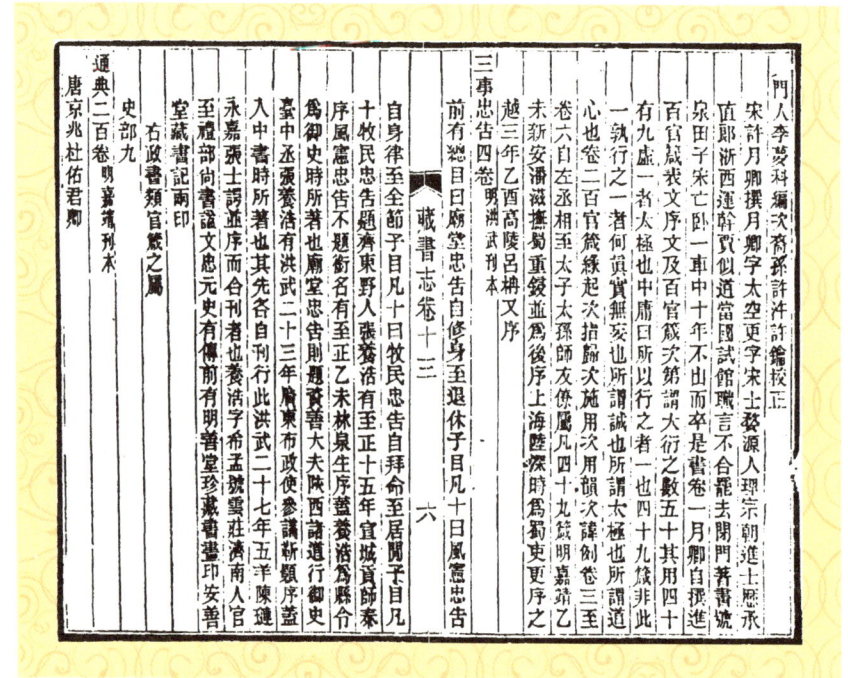

清代丁丙《善本书室藏书志》著录《三事忠告》书影

政治读本价值与现实指导意义。可以说,《为政忠告》已经成为有志为清官良吏者极富启迪和借鉴意义的从政教科书。

基本内容与主题思想

《为政忠告》所收《牧民忠告》《风宪忠告》《庙堂忠告》三编,就篇章结构、篇幅大小来说,不似那种长篇大论,连篇累牍,而是各篇各目多短小精悍,言简意赅。三书总字数不过2万余字,虽非字字珠玑,却蕴意深厚,切于实用,深刻总结了张养浩为官从政的切身体会和政治经验。

《牧民忠告》,共10纲74子目,分为上下两卷。10纲为《拜命》《上任》《听讼》《御下》《宣化》《慎狱》《救荒》《事长》《受代》《闲居》,比较详细地论述了许多为政之道,具有鲜明的实践价值和指导意义。如砥砺品行,修养官德;戒除贪欲,清廉为政;听讼断案,公正裁断;以民为重,不夺农时;惩恶扬善,敦睦教化;抚鳏恤寡,除暴安良;律己当严,待人当恕;敬上礼下,包容同僚;宠辱不惊,保全名节等。元至正年间,建宁路崇安县(今属福建)县令邹从吉奉《牧民忠告》为圭臬,据以治县,取得了"以忠信使民,民亦乐其治"的成效。清正廉洁与勤政爱民,是贯穿《牧民忠告》全书的核心思想。

《风宪忠告》一卷共10篇,包括《自律》《示教》《询访》《按行》《审录》《荐举》《纠弹》《奏对》

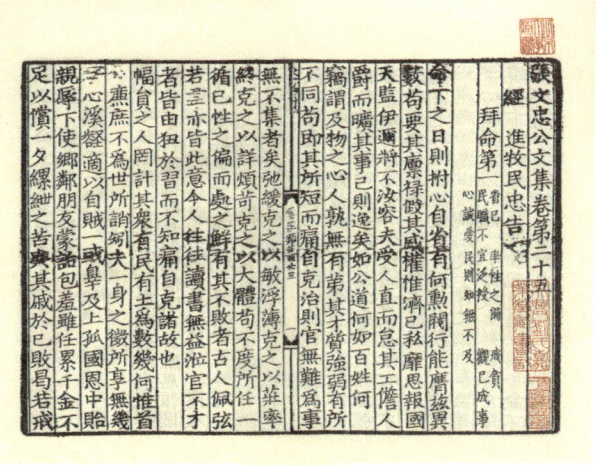

《牧民忠告》书影

《风宪忠告》书影

《临难》《全节》。《续修四库全书总目提要》评价此书是"盖言风纪之要务"。其中《自律》篇的主要意思是论律身宜严。所谓严者,一行一住,一语一嘿,必有礼法。《示教》篇的主要意思是说生如圣人者犹须教诲训告,不如圣者,更不能忽视。《询访》篇的主要意思是说为政者往往先入为主,容易产生偏见,必悉心询访,始能通达上下之情。《按行》篇的主要意思是说莅官临政须严格约束属下,既不要任其为所欲为,也不要打击其积极性。《审录》篇的主要意思是强调按先贤所教,"庶狱庶慎","明慎用刑"。《荐举》篇的主要意思是说天下之事,非一人所能周知,非一人所能独成,必兼收博采,始可治理。《纠弹》篇的主要意思是说台宪之职无内外远近之分,凡有所知,须尽言以闻于上。《奏对》篇的主要意思是说讽谏于殿廷之上,须平心易气,从容婉转。《临难》篇的主要意思是说言责重大,要在顺处静伺,贵在明理自信。《全节》篇的主要意思是说人之有死,或重于泰山,或轻于鸿毛;道之所在,死生以之。《风宪忠告》全书所阐发的是执法为公的精神。

《庙堂忠告》一卷共10篇,包括《修身》《用贤》《重民》《远虑》《调燮》《任怨》《分谤》《应变》《献纳》《退休》。《修身》篇的主要意思是说荣者辱之基,只有善自修者,才能保其荣、去其辱。《用贤》篇的主要意思是说天子之职,莫重择相,宰相之职,莫重用贤。《重民》篇的主要意思是说若想国家昌明、朝政兴隆、享国久长,关键要做到以民为本,以民为重。《远虑》篇的主要意思是说天下之事,知其已然,不知其将然;必深识远虑,才能因其已然,知其将然。《调燮》篇的主要意思是说燮理阴阳,为政临民,须顺民心、顺天地之气,然后才有自顺之理。《任怨》篇的主要意思是说如果为了名利而做人臣,就不会任劳任怨,为不忠之尤。《分谤》篇的主要意思是说共署联事,必共舟以济,分谤引咎,事始有成。《应变》篇的主要意思是说事机之发,有常有变,唯能应变,方能肩扛重任。《献纳》篇的主要意思是说善于进谏者,常于细微处入手,于寻常中进纳,随时陈说,以悟上心。《退休》篇的主要意思是说士大夫处世,宜知出处之机,当进则进,当退则退。全书凸显的是心系天下的情怀。

《庙堂忠告》书影

居官指南与为政教科书

《为政忠告》三编重点阐发了为政之德、为政之道与为政之术,并由此形成张养浩政治思想的基本内容。它成为历代官员所尊崇的居官指南和为政教科书。

在居官为政时,张养浩尤其强调为政之德。人无德不立,国无德不兴。张养浩所说的"牧民",牧者治也,牧民就是治民。其实,他们都是从管理与被管理的视角对官、民做了性质上的区分。所谓"官",既含有道德属性,也具有职业属性。官与民的区别,实质是职业分途而非身份地位的高低。为政之德就是官德,也就是从政道德,包括为人处世、修身养性等各个方面。

《牧民忠告》开篇论"省己"、论"克性之偏"、论"戒贪",《风宪忠告》开篇论"自律第一",《庙堂忠告》开篇论"修身第一",都是强调善自修养、加强职业操守的重要性。为官从政就是一种人生践履与体验，应当严以持己，敢于担当，具有责任感和使命感，而与富贵利益无关。张养浩说："夫利之与义，势不并处，义亲则利疏，利近则义远。"人格修养高尚者，无不以天下为己任，无不以解民于倒悬为己任，不会以位为乐，苟且职守。

曾长期在台宪任职的张养浩，对言官的自律体会深刻。张养浩认为，要常怀克治之心、坦荡之心，要常扪心自问，具自省之心。律己当严，待人则恕。这体现出一种以礼待人、以仁为政的传统人文精神。

张养浩告诫说，为官临政，要进退有为，善始善终；砥砺名节，立身扬名。他认为，爵禄易得，名节难保。爵禄失去还可以再得，但是名节一旦丧失，将终身无法挽回。

张养浩怀着民胞物与的政治情怀，有着浓厚的民唯邦本、民唯政本的民本思想。他关注民生，同情民众疾苦，在实践中表现出哀悯行政、视民如子的施政意识。他强调要爱民、恤民、济民、富民，关注民生疾苦。因为在整个社会体系中，黎庶为子民，居于社会底层；秉持权力的官员处于社会上层，为牧民之长。因此，政府官员必须视民如子，具有爱民之心，而且还要有养民、教民之术。在他看来，爱民不是口号，不是标签，只有拥有爱民之心，拥有爱民的真情实感，才能增长为民办实事、谋实利的智慧与才干。因此，他提出劝农要不夺农时，为民解忧；治民重在惩恶扬善，敦重教化。张养浩把重民、爱民提到事业成败、国家兴亡的高度来认识，是颇有见地的。

张养浩强调廉洁奉公、勤慎为要的为官从政之道。廉为政本，政从廉始。廉能兴邦，贪则丧国。官廉则政举，官贪则政危。他在《牧民忠告·拜命》篇中，即以"戒贪"为题阐述道：不能守公廉之心，是不自重不自爱，要被世人戳脊梁骨。人生一世，一己之身，吃穿用度能有几何？贪心不足，只能是自我戕害。一旦陷入贪贿深渊，不仅上负国恩，而且也使亲人邻里朋友蒙羞。即便拥有千万钱财，也不足以补偿一夕牢狱之苦。与其事后追悔，不如自始严以自律。因此，一定要洁身自好，珍惜名誉。要以身作则，以身率下。己身正，不令而行。

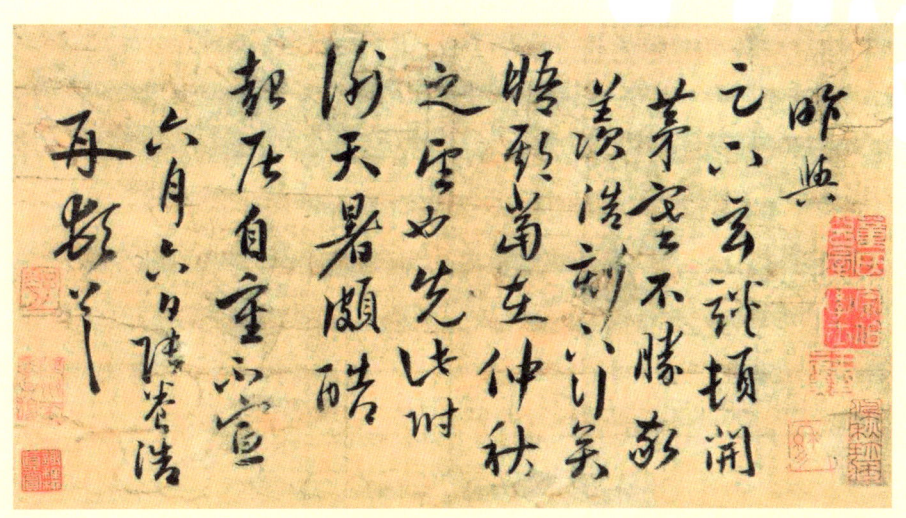

张养浩墨迹

为官莅政要勤恳奉职,任劳任怨。勤于职守,勤为政本,勤以修德,勤能补拙,这是为官持政最基本的道德要求,也是张养浩对为宦者的谆谆忠告。他劝诫为官者不但要勤政,而且要善于为政。为政要重践行:行要明,行要慎,行要勤。

为官者不仅要廉洁勤慎,还要公正无私。"心底无私天地宽",权力本身就要求"至公无私"。为官操守、从政之道要求为民谋福利,而非为己营私利。譬如选人用人要出以公心,而不是结党营私。张养浩认为,只有知贤识才,公心举贤,选用大批贤能才干之士,才能更好地治国理政。又譬如,为官理讼,只有把握原则,公正裁断,才能防止产生冤错。

张养浩在《为政忠告》中,还比较详尽地论述了事关成败的为政之术,强调临政处事的方式方法。如判决诉讼案件,提出要"慎狱","慎录","非佞折狱,惟良折狱"。就是说审判案件,要秉持公正善良的愿望去处理案子,做到公平合理,避免冤假错案。即便是已经定案的狱案,也需详细复查。实际上,为政之术因时、因地会有较大的差异,不可能适用于一切政事的处理,根本目的还在于务求实效。

张养浩极为推重寻访政隐民情、深入实际的为政作风，强调临政处事最忌先入为主，一定要知悉情由，有的放矢。他认为审慎理政，见微知著，思危防患，则无政不理，无事不效。

因此，《为政忠告》凝结着张养浩对权力的深刻思索。权力，为治国之公器。为官者行使权力时，须本着求真务实的精神，因为事关民众福祉；须秉持公道之心，唯民众利益是从，造福一方社会。正确运用权力，须"集众人之议"，须广开言路，须重视监察，须重视"得人"。张养浩说："夫人君致治之要有三：一曰宰相得人，二曰台谏得人，三曰左右侍从得人。"

《为政忠告》是张养浩为政30余年的所见所闻、所思所感，蕴含着他对国家、社会及个人的成与败、兴与衰、安与危、正与邪、荣与辱、义与利、廉与贪等多方面的深刻思考，集中阐述了他的为政智慧与莅政经验，展现其"至国泽民"、追求天下大治的宏大理想，体现了他忠于职守、敢于直言的大无畏精神，反映了他的人格魅力及深厚的政治素养，具有厚重的历史文献价值，也具有重要的现代借鉴意义。

图书在版编目（CIP）数据

张养浩：文宗名臣铸风骨 / 张熙惟著. — 济南：济南出版社，2020.6
（济南故事 / 杨峰主编）
ISBN 978-7-5488-4045-9

Ⅰ. ①张… Ⅱ. ①张… Ⅲ. ①张养浩－生平事迹 Ⅳ. ①K825.6

中国版本图书馆CIP数据核字（2020）第013665号

张养浩：文宗名臣铸风骨
ZHANG YANGHAO: WENZONG MINGCHEN ZHU FENGGU

出 版 人：	崔　刚
图书策划：	郅　良　李　岩　张元立
责任编辑：	赵志坚　李文文　董慧慧
封面设计：	张　金
出版发行：	济南出版社
地　　址：	济南市市中区二环南路1号　250002
邮　　箱：	ozking@qq.com
印 刷 者：	济南新先锋彩印有限公司
经 销 者：	各地新华书店
成品尺寸：	170 mm × 230 mm　1/16
印　　张：	11
字　　数：	162千字
印　　数：	1—10000册
出版时间：	2020年6月第1版
印刷时间：	2020年6月第1次印刷
书　　号：	ISBN 978-7-5488-4045-9
定　　价：	55.00元

（版权所有　侵权必究）